Geografia
Educação de jovens e adultos (EJA)

EDITORA intersaberes

COLEÇÃO EJA: CIDADANIA COMPETENTE

DIALÓGICA

O selo DIALÓGICA da Editora InterSaberes faz referência às publicações que privilegiam uma linguagem na qual o autor dialoga com o leitor por meio de recursos textuais e visuais, o que torna o conteúdo muito mais dinâmico. São livros que criam um ambiente de interação com o leitor – seu universo cultural, social e de elaboração de conhecimentos –, possibilitando um real processo de interlocução para que a comunicação se efetive.

Marcus Rudolfo Kreuzer

Geografia
Educação de jovens e adultos (EJA)

EDITORA intersaberes

Rua Clara Vendramin, 58 . Mossunguê . CEP 81200-170 . Curitiba . PR . Brasil
Fone: (041) 2106-4170 . www.intersaberes.com . editora@editoraintersaberes.com.br

Conselho editorial Dr. Ivo José Both (presidente)
Drª Elena Godoy
Dr. Nelson Luís Dias
Dr. Neri dos Santos
Dr. Ulf Gregor Baranow

Editor-chefe Lindsay Azambuja

Editor-assistente Ariadne Nunes Wenger

Capa Mayra Yoshizawa

Projeto gráfico *Design* Mayra Yoshizawa
Imagem Jallo/Shutterstock

Preparação de originais Gustavo Piratello de Castro

Diagramação Alfredo Netto

1ª edição, 2017.

Dados Internacionais de Catalogação na Publicação (CIP)
(Câmara Brasileira do Livro, SP, Brasil)

Foi feito o depósito legal.

Informamos que é de inteira responsabilidade do autor a emissão de conceitos.

Nenhuma parte desta publicação poderá ser reproduzida por qualquer meio ou forma sem a prévia autorização da Editora InterSaberes.

A violação dos direitos autorais é crime estabelecido na Lei n. 9.610/1998 e punido pelo art. 184 do Código Penal.

Kreuzer, Marcus Rudolfo
   Geografia/Marcus Rudolfo Kreuzer. Curitiba: InterSaberes, 2017. (Coleção EJA: Cidadania Competente, v. 11)

Bibliografia.
ISBN 978-85-5972-150-8

   1. Educação de adultos 2. Educação de jovens 3. Geografia 4. Geografia – Estudo e ensino I. Título. II. Série.

16-07323   CDD-910.7

Índices para catálogo sistemático:
1. Geografia: Estudo e ensino 910.7

Sumário

Apresentação 9

Parte I – Geografia geral 11

1. Princípios e conceitos 13
   1.1 Panorama histórico da geografia 14
   1.2 O que é geografia? 16
   1.3 Por que estudar geografia? 17
   1.4 Vocabulário básico 17

2. Terra 23
   2.1 Localização da Terra no espaço 24
   2.2 Dados da Terra 25
   2.3 Movimentos da Terra 26
   2.4 Movimento aparente do Sol 29

3. Orientação e cartografia 35
   3.1 Orientação pelos astros 36
   3.2 Rosa dos ventos 37
   3.3 Instrumentos de orientação 37
   3.4 Mapas 38
   3.5 Fusos horários 41
   3.6 Representação cartográfica 42

Parte II – Geografia do Brasil   49

4. Aspectos físicos I   51
    - 4.1 Localização   52
    - 4.2 Dimensão   52
    - 4.3 Geologia   54
    - 4.4 Relevo   55

5. Aspectos físicos II   61
    - 5.1 Hidrografia   62
    - 5.2 Clima   64
    - 5.3 Vegetação   66

6. Aspectos humanos I   73
    - 6.1 Divisão política   74
    - 6.2 População   74
    - 6.3 Urbanização   76

7. Aspectos humanos II   81
    - 7.1 Agricultura   82
    - 7.2 Industrialização   86

8. Atividade industrial no mundo e no Brasil   91

    8.1   Revolução Industrial   92

    8.2   Setores da economia   93

    8.3   Tipos de indústria   93

    8.4   Fatores locacionais   94

    8.5   Indústria no mundo   96

    8.6   Indústria no Brasil   96

Considerações finais   101
Referências   103
Respostas   107
Sobre o autor   109

Apresentação

Qual é nosso lugar no mundo? É para responder a essa pergunta que o estudo da **geografia** é importante, pois essa área do conhecimento nos mostra não apenas onde estamos, mas o que nos circunda e nos limita em termos naturais e humanos.

Esta obra foi organizada para iniciar você, leitor, no estudo da geografia e também para situá-lo no contexto das recentes pesquisas acerca do lugar que o Brasil ocupa no cenário mundial.

A apresentação dos assuntos foi pensada com o objetivo de tornar agradável o aprendizado da geografia e, por isso, estruturamos o livro em duas partes: a primeira aborda os princípios básicos da geografia e as informações necessárias ao entendimento dos temas subsequentes; a segunda parte é específica sobre o Brasil, e nela apresentamos as principais características que modelaram e ainda modelam o país. Além disso, cada uma das partes foi subdividida em capítulos de modo concatenado e sequencial, a fim de deixar gradativa a compreensão dos conteúdos.

Assim, na primeira parte, o Capítulo 1 traz os princípios da geografia, como ela se desenvolveu e por que devemos estudá-la. O Capítulo 2 mostra um pouco da intimidade de nosso planeta, destacando sua posição no espaço e os principais movimentos que ele realiza em sua jornada cósmica. No Capítulo 3, são descritos alguns modelos de orientação adotados pelo homem ao longo da história e ensinamentos básicos sobre mapas e cartografia.

Na segunda parte, o Capítulo 4 é dedicado aos aspectos físicos do Brasil, sobretudo os territoriais: localização, dimensão, geologia e relevo. No Capítulo 5, esses aspectos são complementados pelo estudo da hidrografia, do clima e da vegetação. Nos Capítulos 6 e 7, são apresentados alguns detalhes sobre os aspectos humanos do Brasil, como a formação de sua população e a urbanização ocorrida em sua história, além de serem abordados os processos de consolidação da agricultura e da industrialização.

Por fim, o Capítulo 8 é dedicado a demonstrar como surgiu a atividade industrial, com a Revolução Industrial, e como ela se apresenta hoje no mundo, de maneira geral, e no Brasil, de maneira específica.

Esperamos que os tópicos estudados neste livro sirvam de estímulo para seus estudos em geografia.

Boa leitura!

Parte I
Geografia geral

capítulo dIII

Na condição de ciência, a geografia é relativamente nova se a compararmos com outras áreas de conhecimento humano, como a matemática e a física. Contudo, a necessidade do ser humano de conhecer o lugar onde vive é antiga.

1.1 Panorama histórico da geografia

Os gregos e os romanos foram os primeiros a **sistematizar** o conhecimento geográfico coletado por meio de **relatos** detalhados de outros povos e de observações de paisagens – como fez **Estrabão** [ca. 64 a.C.-24 d.C.], que, no século I, escreveu um tratado de 17 volumes, chamado *Geographia*, que continha a descrição de povos e locais conhecidos à época. Os estudiosos greco-romanos foram também pioneiros na confecção de mapas que indicavam importantes **rotas marítimas e terrestres** por meio de coordenadas.

Figura 1.1 – Europa Ocidental (século I) segundo Estrabão

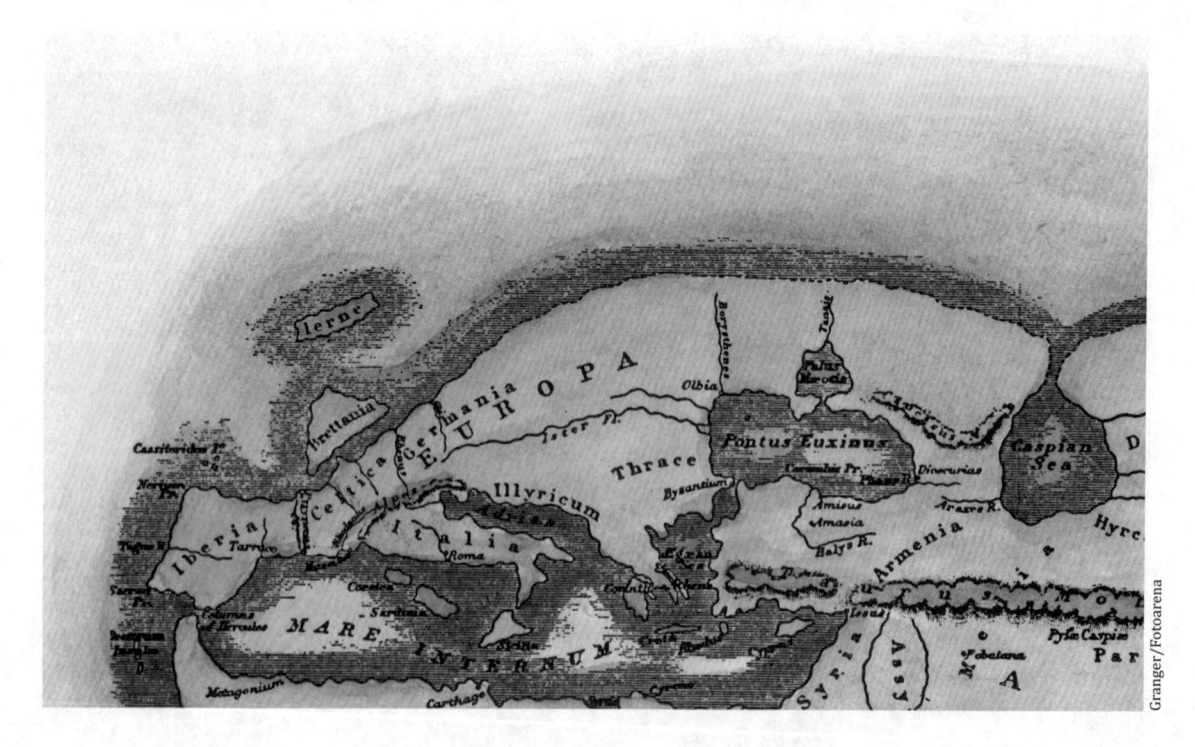

Granger/Fotoarena

Com a descoberta do Novo Mundo por Cristóvão Colombo, em 1492, e as Grandes Navegações, levando o comércio europeu a regiões longínquas – como fez Vasco da Gama em 1498 ao desembarcar na Índia –, a geografia passou a ser tratada como segredo de Estado em razão de sua importância no comércio e na conquista de novas terras. Nessa época, essa área esteve muito associada à **cartografia**, ou seja, à produção de mapas e portulanos (cartas náuticas).

Como ciência moderna, a geografia surgiu somente no século XIX, em decorrência dos esforços de dois naturalistas alemães, **Alexander von Humboldt** (pai da geografia física) e **Carl Ritter** (pai da geografia humana), que criaram um método de análise conhecido como ***determinismo geográfico***. Segundo esse pensamento, o caráter e a índole dos povos seriam determinados pelas características físicas do território que habitavam. O principal representante dessa escola foi **Friedrich Ratzel**, que desempenhou um importante papel no desenvolvimento de um novo ramo da geografia conhecido como ***geopolítica***, com base na ideia do espaço vital aplicado às nações, utilizada pela Alemanha em seu expansionismo militar durante a Segunda Guerra Mundial.

Uma resposta à ideia alemã surgiu dos estudos de **Paul Vidal de La Blache**, que comparou as diferentes regiões da França e estabeleceu os princípios da escola do pensamento geográfico conhecido por ***possibilismo***, fundamentada nas diferenças técnicas e nas aquisições materiais do homem civilizado manifestadas na construção das paisagens.

Ambas as escolas, determinismo e possibilismo, fazem parte da chamada ***geografia clássica***, que dominou a ciência até a Segunda Guerra Mundial. A geografia clássica é caracterizada pela descrição dos ambientes naturais e rurais e pouco preocupa-se com a análise das causas da existência desses diferentes espaços na superfície da Terra. Vale ressaltar o papel desempenhado por essa área de estudo na justificação do colonialismo e do expansionismo europeu durante o século XIX e na primeira metade do século XX.

Figura 1.2 – Estrabão

THÉVET, André. In: Histoire des plus illustres et scavans hommes de leurs siècles. 1585.

Figura 1.3 – Alexander von Humboldt

STIELER, Joseph Karl. **Alexander von Humboldt**. 1843. 1 óleo sobre tela: color.; 800 x 986 cm.

Após a Segunda Guerra Mundial, a geografia buscou novos caminhos, impactada por seu papel no desenrolar do conflito e por tecnologias inovadoras. Um importante título desse período – *A geografia: isso serve, em primeiro lugar, para fazer a guerra* (1984), do geógrafo francês Yves Lacoste – mostra como, ao longo da história recente, as diferentes instituições governamentais dos Estados Modernos usaram os conhecimentos geográficos para dominar e conquistar territórios. Esse trabalho demonstra também que os geógrafos contemporâneos não estão mais preocupados em descrever os fatos geográficos estudados, mas em entendê-los, compreendê-los e propor soluções a eles.

Várias correntes de pensamento sobre a geografia surgiram no decorrer dos anos, porém mencionaremos apenas três delas. A primeira é a corrente **teórico-quantitativa**, liderada pelo americano Walter Christaller, que aproxima a geografia da estatística e da matemática embasando suas análises em gráficos e tabelas. A segunda é a da **geografia crítica** ou **radical**, que analisa o espaço geográfico por meio da lógica do capital, como fazem o britânico David Harvey e o brasileiro Milton Santos. Por último, vale destacar as colaborações da corrente da **geografia do comportamento e da percepção** em estudos que buscam entender como o indivíduo percebe os lugares próximo e distante, com destaque para o sino-americano Yi-Fu Tuan.

1.2 O que é geografia?

Atualmente, a geografia pode ser descrita como uma **ciência** que sintetiza diferentes conhecimentos e saberes de outras ciências, como astronomia, cartografia, biologia, economia e demografia. Além disso, busca compreender a relação do homem com a superfície da Terra, manifesta na construção dos diferentes espaços e paisagens, a fim de entender as causas e as consequências de todo esse processo.

Figura 1.4 – Diversidade de aspectos e elementos que compõem o espaço geográfico

Pablo Scapinachis/Shutterstock

1.3 Por que estudar geografia?

A geografia está muito mais presente em nosso cotidiano do que imaginamos. Por exemplo, quando um telejornal apresenta fatos como os conflitos no Oriente Médio, geralmente as imagens são acompanhadas de infográficos que localizam e delimitam a área de ocorrência da notícia – nesse caso, é utilizado um princípio geográfico denominado extensão.

Outro exemplo: imagine-se no ponto de ônibus iniciando um diálogo com uma pessoa que veio de Xapuri, no Acre, e que começa a descrever a cidade de maneira informal, citando onde ela está localizada, como é o clima, o que os moradores fazem para ganhar dinheiro, as festas que lá acontecem e assim por diante. Ela fez simplesmente um relato geográfico de onde nasceu e cresceu. Portanto, o estudo da geografia ajuda a compreender e a entender nossa região e o mundo em que vivemos.

1.4 Vocabulário básico

A ideia desta seção é fazer com que você se familiarize com alguns conceitos relacionados à geografia.

- **Acidente geográfico**: Toda forma de relevo que se destaca na paisagem ou estabelece limites naturais entre biomas ou países, podendo ser uma montanha ou uma cadeia de montanhas, um rio, um canal, um pontal etc. (Guerra, 1989).

Figura 1.5 – Ponta do Seixas na Paraíba, o ponto extremo oriental das Américas

- **Espaço**: Pode ser resumido, na geografia, como "a superfície da terra", o grande objeto de estudo dessa disciplina. Quando é alterado pelo trabalho humano ao longo do tempo histórico, denomina-se *espaço geográfico*; caso seja modelado pelas forças da natureza, recebe o nome de *espaço natural* (Giovannetti; Lacerda, 1996).

Figura 1.6 – Transformação de um espaço natural em um espaço geográfico por meio da ação do homem

- **Geografia**: Vocábulo usado pela primeira vez por Estrabão; é formado por duas palavras de origem grega definindo a ciência que descreve a superfície da Terra: *geo*, "terra", e *graphein*, "descrever" (Giovannetti; Lacerda, 1996).
- **Fronteira**: Faixa de terra imaginária que forma uma "moldura" para as áreas e regiões controladas pelo Estado Moderno ou um grupo específico. Há também as **fronteiras naturais**, que são os desertos, as florestas, as montanhas e os grandes rios que delimitam os biomas da Terra (Martim, 1996).

Figura 1.7 – Limite entre os Estados Unidos e o Canadá

- **Limite**: Linha demarcatória não habitada entre dois estados nacionais ou grupos humanos antagônicos que buscam controlar um território (Martim, 1996).

Mapa 1.1 – Fronteira e limite do Brasil

Fonte: Limite/fronteira, 2011.

■ **Lugar**: Esse conceito foi criado pela geografia do comportamento e da percepção para os espaços vivenciados pelas pessoas em suas atividades cotidianas de trabalho, lazer, estudo, convivência familiar etc. (Martim, 1996).

■ **Paisagem**: É "tudo aquilo que nós vemos, o que nossa visão alcança [...]" (Santos; Elias, 1988, p. 61), além de tudo o que sentimos e ouvimos. Em suma, é tudo aquilo que percebemos (Giovannetti; Lacerda, 1996).

■ **Território**: Área terrestre, seu espaço aéreo e mares vizinhos que são organizados em um Estado soberano ou controlados por pessoas e grupos que desempenham controle e organização semelhantes a um governo (Martim, 1996).

Exercícios

1) A palavra *geografia* foi usada pela primeira vez nos estudos de:
   a) Alexandre von Humboldt, no século XIX.
   b) Friedrich Ratzel, no início do século XX.
   c) Milton Santos, na década de 1980 (século XX).
   d) Estrabão, no século I.
   e) Heródoto, no século IV a.C.

2) A respeito do determinismo geográfico e de sua forma de analisar o espaço geográfico, é correto afirmar:
a) Surge na escola francesa com os estudos de Paul Vidal de La Blache.
b) Analisa o espaço com base em dados matemáticos e estatísticos.
c) Relaciona o caráter dos povos à influência de aspectos físicos como o clima e o relevo.
d) É chamado também de *escola humanista*, pois leva em consideração a percepção dos indivíduos.
e) Faz parte de seu pensamento levar em consideração o conjunto de técnicas adquiridas e apreendidas por todas as sociedades.

3) Teoria geográfica utilizada para justificar o expansionismo alemão durante a Segunda Guerra Mundial:
a) Espaço vital.
b) Possibilismo.
c) Determinismo.
d) Racionalismo.
e) Criacionismo.

4) Qual é o conceito geográfico que melhor define a imagem a seguir?

a) Espaço geográfico.
b) Limite.
c) Paisagem rural.
d) Fronteira.
e) Espaço natural.

5) Ciclo da história responsável pelo aumento da importância da geografia, em particular, na produção de mapas e portulanos:
a) Império Romano.
b) Grandes Navegações.
c) Idade Média.
d) Colonialismo europeu.
e) Invasões bárbaras.

6) Qual é o conceito geográfico que melhor define a imagem a seguir?

a) Limite.
b) Lugar.
c) Fronteira agrícola.
d) Espaço natural.
e) Território.

7) A geografia crítica ou radical compreende a construção do espaço geográfico tendo como base:
a) o conjunto de técnicas acumuladas pelos seres humanos ao longo da história.
b) os fatores naturais, como clima e relevo, que influenciam o caráter dos povos.
c) as percepções e os comportamentos dos indivíduos em relação ao espaço geográfico.
d) a lógica do capital, que atribui diferentes ocupações e usos da superfície da Terra.
e) os dados matemáticos e estatísticos que ajudam a entender os fenômenos geográficos.

8) A imagem a seguir é do limite entre dois países. Em relação a esse conceito da geografia, assinale a alternativa que melhor o define:

a) Faixa de terra que forma uma moldura em torno de um território nacional.
b) Linha demarcatória estabelecida por tratados entre dois Estados nacionais.

c) Área controlada por um Estado nacional ou agrupamento de pessoas, como contrabandistas.
d) Local de vivência das pessoas que provoca algum sentimento subjetivo.
e) Linha natural que separa dois biomas por meio de acidentes geográficos, como um deserto.

9) Considerado o pai da geografia moderna no campo da geografia física:
a) Estrabão.
b) Paul Vidal de La Blache.
c) Milton Santos.
d) Alexandre von Humboldt.
e) Carl Ritter.

10) Assinale a alternativa que melhor define a geografia:
a) Área do conhecimento humano que busca entender as relações do homem com a superfície da Terra.
b) Ciência e arte da construção de mapas, plantas e cartas topográficas.
c) Estudo dos fenômenos cósmicos, como cometas, meteoros e meteoritos, que busca mapear a abóbada celeste.
d) Estabelecimento de dados estatísticos e matemáticos para a contagem da população de uma cidade, de um estado ou país.
e) Análise dos fenômenos naturais que estabelece hipóteses e teorias por meio de cálculos matemáticos.

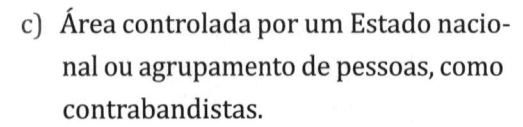

Vamos estudar um pouco de **astronomia**? Neste capítulo, teremos como foco o planeta Terra e, a partir dele, trabalharemos diversas questões, como localização no universo, dados composicionais e movimentações (em relação ao Sol, ao próprio eixo, ao ângulo de inclinação e à oscilação fruto de atrações gravitacionais).

2.1 Localização da Terra no espaço

A Terra é o terceiro planeta interno do **Sistema Solar**, composto de oito planetas – Plutão foi rebaixado à condição de planeta-anão em 2006 e está localizado em um braço externo da galáxia conhecida como **Via Láctea** (Figura 2.1). Os planetas podem ser divididos em *internos rochosos* até o cinturão de asteroides e *externos gasosos* até o cinturão de Kuiper. Veja essa divisão na Figura 2.2.

A Terra está a uma distância média de 150.000.000 km do Sol, o equivalente, na astronomia, a 1 U.A. (**unidade astronômica**).

Figura 2.1 – Via Láctea

Figura 2.2 – Sistema Solar

2.2 Dados da Terra

O planeta Terra é rochoso, tem uma atmosfera formada principalmente por nitrogênio (78%) e oxigênio (21%) e três quartos de sua superfície são ocupados por oceanos de água salgada em estado líquido, além de ter duas calotas polares onde encontramos água doce em estado sólido. Se fosse possível atravessar pelo interior da Terra de um lado para o outro, a extensão da viagem seria de 12.756 km, valor do diâmetro do planeta. Podemos circular a Terra em sua porção mais larga, a Linha do Equador, cujo perímetro é de 40.003,2 km.

A velocidade média da Terra em seu movimento no espaço é de 107.266 km/h, ou seja, quase cem vezes a velocidade do som, que é de 1.234.8 km/h. A Terra conta com apenas um satélite natural, a Lua, com período de translação (em volta da Terra) de aproximadamente 27,3 dias e distante cerca de 384.400 km, o suficiente para influenciar, com sua atração gravitacional, a altura das marés.

Figura 2.3 – A Terra com a Lua ao fundo

2.3 Movimentos da Terra

A importância do estudo dos movimentos da Terra se deve à influência que eles exercem na contagem do tempo e na alternância das estações, assuntos relacionados a conteúdos que estudaremos mais adiante, como os fusos horários e o clima.

Quatro movimentos nos interessam: a rotação, a translação, a precessão dos equinócios e a nutação.

2.3.1 Rotação

A **rotação** é o movimento que a Terra realiza ao girar em torno do próprio eixo, com duração de 23 horas e 56 minutos, correspondendo a um **dia solar** quando nosso astro maior passa duas vezes sobre um mesmo ponto (movimento aparente do Sol). No dia a dia, usamos o valor de 24 horas para facilitar a contagem do tempo. Esse período corresponde a um **dia civil**.

O sentido de rotação da Terra é de oeste para leste, a uma velocidade de aproximadamente 1.669 km/h na altura da Linha do Equador.

Figura 2.4 – Movimento de rotação da Terra

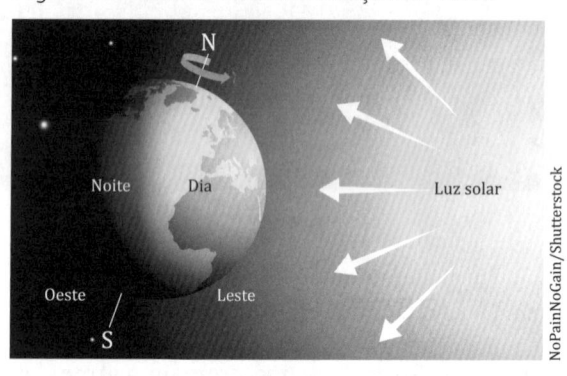

Como consequência, esse movimento faz com que a Terra tenha os polos achatados e o Equador dilatado.

A rotação afeta o sentido das correntes marinhas e dos ventos, com desvio para oeste relacionado à força inercial do **efeito Coriolis**. Vale lembrar que a contagem das horas, a alternância de dias e de noites, além da distribuição dos fusos horários também são causadas por esse movimento.

Figura 2.5 – Efeito Coriolis

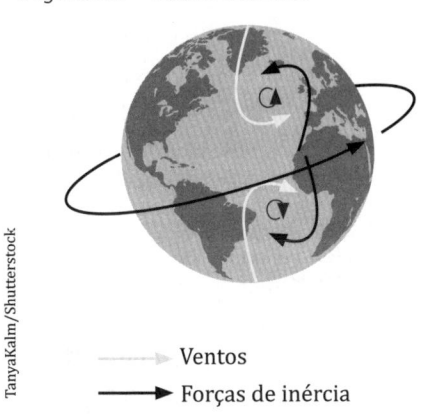

Ventos
Forças de inércia

2.3.2 Translação

A **translação** é o movimento que a Terra realiza ao redor do Sol, numa trajetória semicircular conhecida como **elíptica**, com duração aproximada de 365 dias e 6 horas. Usamos esse movimento para a contagem do ano terrestre, descontando as 6 horas, o que causa um descompasso nas datas de início e fim das estações. Como solução para esse problema, atribuímos um dia a mais no calendário a cada 4 anos (6 horas × 4 anos = 24 horas) no mês fevereiro, que passa a ter 29 dias. Esse ano é chamado de **bissexto**.

Figura 2.6 – Representação do movimento de translação (órbita elíptica)

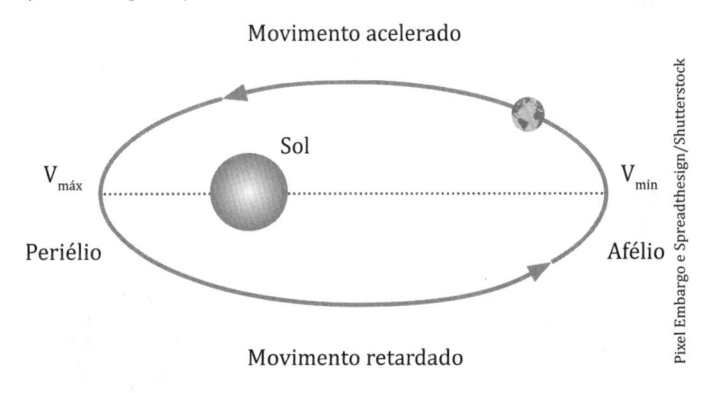

Movimento acelerado
Sol
$V_{máx}$
V_{min}
Periélio
Afélio
Movimento retardado

A trajetória elíptica realizada pelo planeta (representada na Figura 2.6) é chamada de órbita, na qual o Sol não está no centro. Por isso, o ponto em que a Terra, em seu movimento, está mais próxima do Sol é conhecido como **periélio**, e o ponto em que está mais afastada, como **afélio**. Ambos não influem na mudança das estações.

Quando associamos o movimento de translação ao ângulo de inclinação da Terra, conhecido como **obliquidade da eclíptica**, cujo valor é de 23° 27' 30", temos o mecanismo responsável pela mudança das estações.

Figura 2.7 – Mudança das estações

Dia e noite têm igual duração
nos dois hemisférios
21 ou 22 de março

Dia mais curto do ano
no Hemisfério Norte
21 ou 22 de dezembro
Dia mais longo do ano
no Hemisfério Sul

Primavera no Hemisfério Norte
Outono no Hemisfério Sul

Inverno no Hemisfério Norte
Verão no Hemisfério Sul

Verão no Hemisfério Norte
Inverno no Hemisfério Sul

Outono no Hemisfério Norte
Primavera no Hemisfério Sul

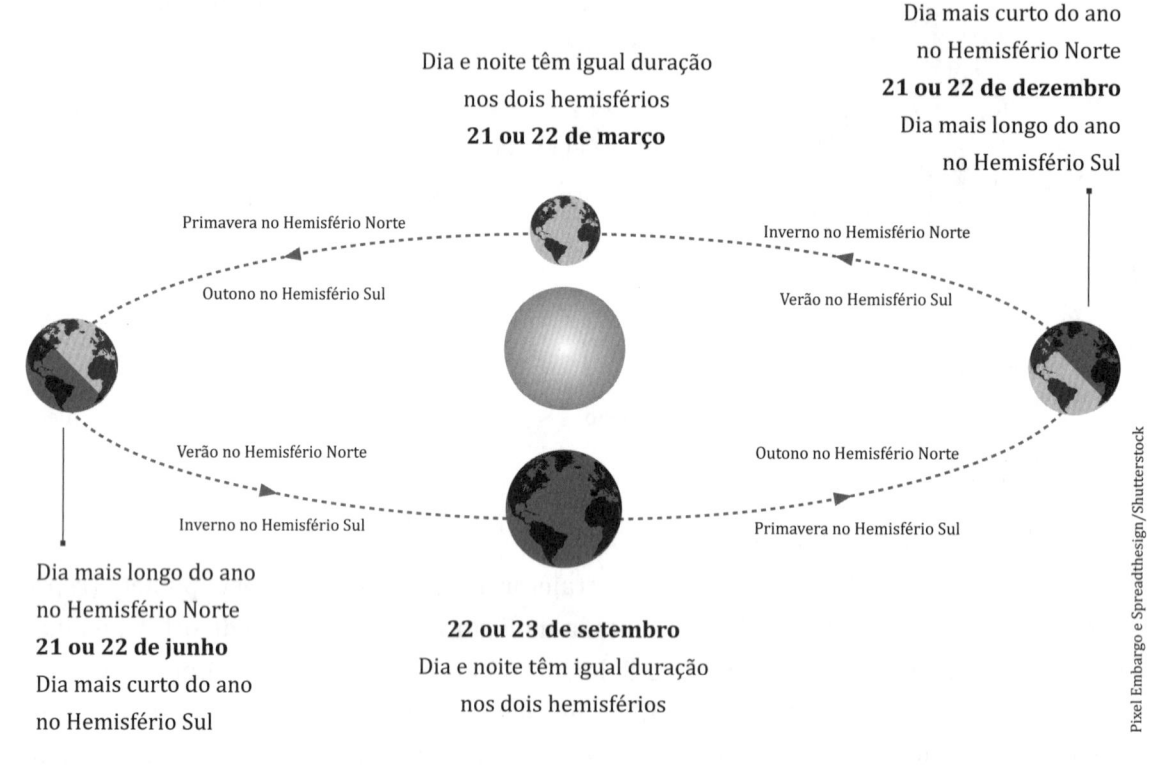

Dia mais longo do ano
no Hemisfério Norte
21 ou 22 de junho
Dia mais curto do ano
no Hemisfério Sul

22 ou 23 de setembro
Dia e noite têm igual duração
nos dois hemisférios

Pixel Embargo e Spreadthesign/Shutterstock

As estações ocorrem de forma alternada em cada um dos hemisférios e são iniciadas por um **solstício** ou um **equinócio**. No caso dos solstícios, o Sol incide perpendicularmente em um dos trópicos, iluminando e aquecendo mais apenas um dos dois hemisférios da Terra. No dia 21 de dezembro, quando o Sol está sobre o Trópico de Capricórnio, inicia-se o verão no Hemisfério Sul e o inverno no Hemisfério Norte; em 21 de junho, quando o Sol está sobre o Trópico de Câncer, inicia-se o verão no Hemisfério Norte e o inverno no Hemisfério Sul.

Os equinócios caracterizam-se pela incidência perpendicular dos raios solares na Linha do Equador, o que causa a igual distribuição de luz e calor em ambos os hemisférios. No dia 21 de março, ocorre o equinócio de outono no Hemisfério Sul e o de primavera no Hemisfério Norte. O mesmo ocorre dia 23 de setembro, porém com o equinócio de primavera no Hemisfério Sul e o de outono no Hemisfério Norte.

2.3.3 Precessão dos equinócios

A **precessão** é um dos vários movimentos realizados pela Terra e que a cada ano é responsável por adiantar em 20 minutos o início dos equinócios. O ciclo completo da precessão dos equinócios dura 25.770 anos e está relacionado à variação do ângulo de inclinação da Terra, a obliquidade da eclíptica, de forma semelhante às oscilações do movimento de um pião.

Figura 2.8 – Comparação da precessão dos equinócios com o movimento de um pião

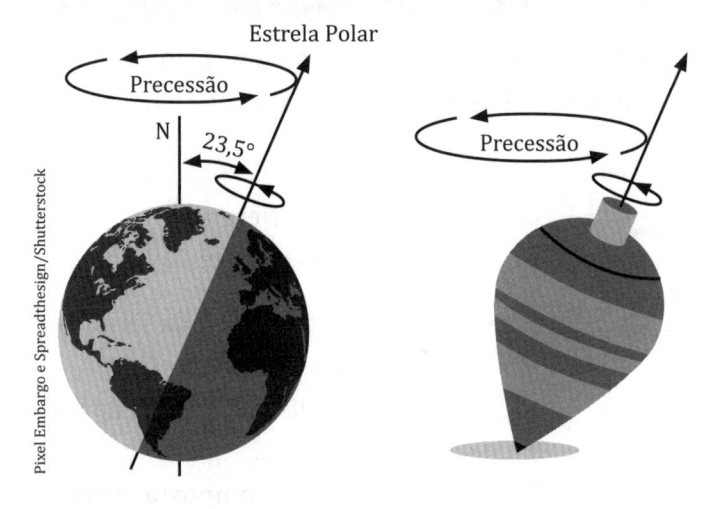

2.3.4 Nutação

A **nutação** é outro movimento realizado por nosso planeta que consiste em pequenas oscilações do eixo da Terra durante a precessão dos equinócios em razão da atração gravitacional da Lua. Cada ciclo completo dura 18,6 anos.

Figura 2.9 – Movimentos de precessão e nutação da Terra

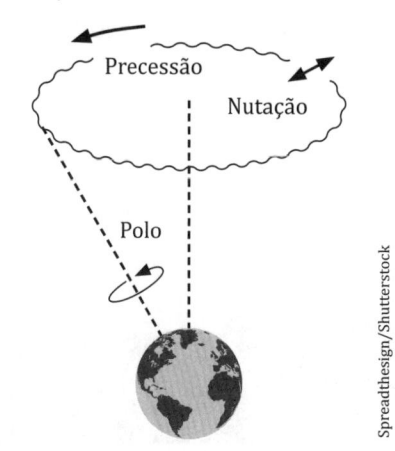

2.4 Movimento aparente do Sol

O movimento aparente do Sol é a forma como um observador na superfície da Terra percebe o movimento de rotação – que ocorre de maneira invertida, de leste para oeste –, dando a sensação de que o Sol gira em torno da Terra, e não o contrário. Por isso, designamos de *nascente* e *poente* as respectivas posições do Sol em relação àqueles dois pontos cardeais. O ponto intermediário e que corresponde à hora de maior incidência dos raios solares, ao meio-dia, chamamos de *zênite*.

Figura 2.10 – Movimento aparente do Sol

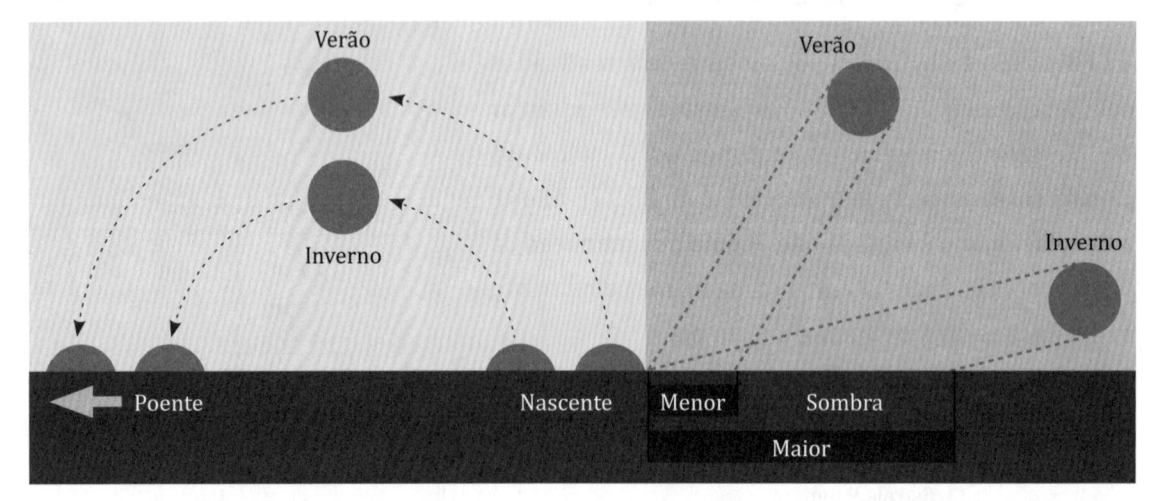

Em relação às estações, também podemos perceber uma mudança de posicionamento do Sol que parece mais alto durante o verão e mais baixo no inverno, conforme mostra a Figura 2.10.

Exercícios

1) O conjunto de estrelas é chamado de *galáxia*. A Terra e o Sistema Solar localizam-se na seguinte galáxia:
   a) Andrômeda.
   b) Nuvem de Magalhães.
   c) Alfa Centauro
   d) Via Láctea.
   e) Aquarius.

2) Os planetas internos do Sistema Solar, como a Terra, são:
   a) Marte, Júpiter e Saturno.
   b) Cinturão de asteroides.
   c) Urano, Netuno e Plutão.
   d) Júpiter, Saturno e Netuno.
   e) Mercúrio, Vênus e Marte.

3) Em relação às características da Terra, assinale a alternativa **incorreta**:
   a) Apresenta uma distância média do Sol de 150.000.000 km.
   b) Sua atmosfera é composta principalmente de dois gases: oxigênio e nitrogênio.
   c) Tem uma órbita circular, com o Sol ao centro e sem alternância das estações.
   d) Seus polos são importantes reservatórios de água doce em estado sólido.
   e) Sua forma é influenciada pelo movimento de rotação, por isso os polos são achatados.

4) Movimento semelhante ao de um pião que altera o ângulo de inclinação da Terra, fazendo com que os inícios do outono e da primavera sejam adiantados em 20 minutos a cada ano:
   a) Nutação.
   b) Precessão dos equinócios.
   c) Translação.
   d) Rotação.
   e) Revolução.

5) O período de duração equivalente a 23 horas e 56 minutos, que corresponde à passagem do Sol duas vezes por um mesmo ponto, estabelece:
   a) o dia civil ou nominal, com 24 horas de duração.
   b) a hora oficial; no caso do Brasil, a referência é a capital federal, Brasília.
   c) o tempo que a Terra leva para completar o movimento de nutação.
   d) a variação entre as marés altas e baixas provocadas pela proximidade da Lua.
   e) o dia solar, que coincide com o tempo exato do movimento de rotação.

6) A imagem a seguir mostra a alternância das estações, com os equinócios e os solstícios. Sobre esse assunto, assinale a alternativa correta:

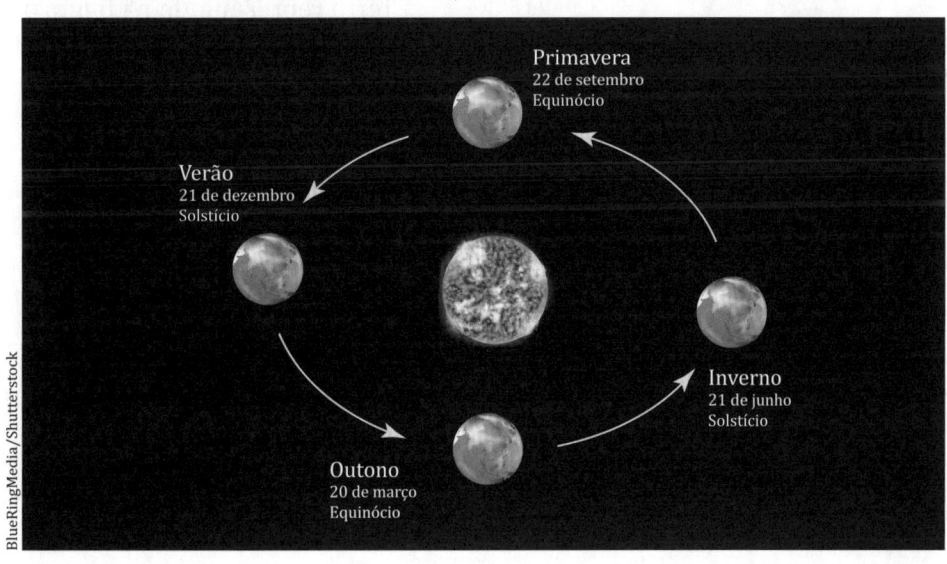

a) Todas as estações mostradas na imagem referem-se a suas ocorrências no Hemisfério Sul.
b) As datas de solstícios e equinócios dizem respeito somente a um dos hemisférios.
c) A figura mostra apenas os solstícios e equinócios do Hemisfério Norte.
d) A sucessão de estações ao longo do ano acontece em razão da maior ou menor distância da Terra em relação ao Sol.
e) Os raios solares atingem perpendicularmente o Equador durante os solstícios.

7) O ângulo do eixo inclinado da Terra, conhecido como *obliquidade da eclíptica*, tem o valor de:
a) 25° 30′ 15″.
b) 90°.
c) 66° 30′.
d) 23° 27′ 30″.
e) 45°.

8) Observe a figura a seguir e, depois, identifique a alternativa correta.

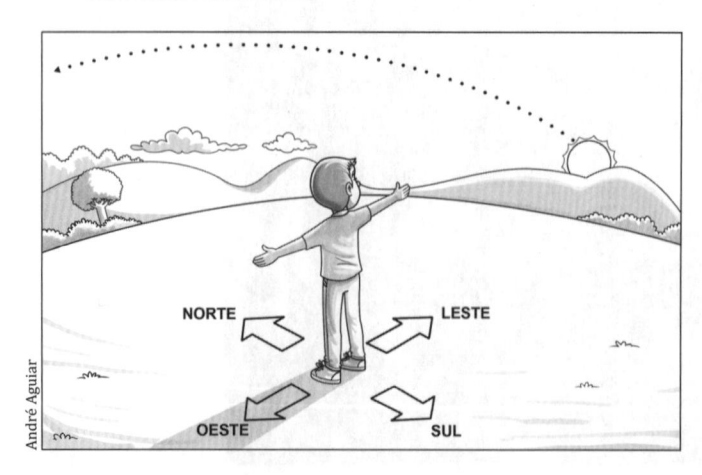

a) Representa o movimento de translação visto por um observador na superfície da Terra.
b) É chamado de *movimento aparente do Sol* e, por meio dele, podemos obter os pontos cardeais.
c) O observador busca o posicionamento do Sol a fim de calcular o tempo de nutação.
d) Mostra o pôr do sol e, por isso, todo o posicionamento do observador está errado.
e) É uma bela imagem usada para livros didáticos do ensino fundamental.

9) Identifique o movimento da Terra representado na figura a seguir:

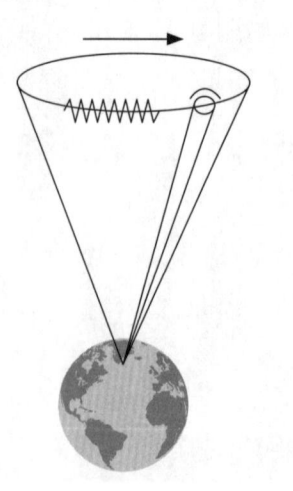

a) Nutação.
b) Rotação.
c) Translação.
d) Equinócio.
e) Solstício.

10) Assinale a alternativa que **não** apresenta uma das consequências do movimento de rotação:
a) Sucessão de dias e noites.
b) Desvio para o oeste de correntes marinhas e ventos.
c) Distribuição e variação dos fusos horários na superfície da Terra.
d) Dia solar.
e) Alternância das estações ao longo do ano.

capítulo três

Orientação e cartografia

O homem, desde a Pré-História, precisou orientar-se a fim de buscar os melhores locais para caça, coleta e pesca. Enfim, tudo o que garantisse sua sobrevivência. Mais do que achar os melhores lugares, era preciso saber retornar ao local de origem, o que levou a humanidade a desenvolver formas rudimentares de orientação. Inicialmente, foram o Sol, a Lua e as estrelas que forneciam os pontos de referência usados na orientação, mas, com a evolução da civilização, surgiram a **bússola**, o **astrolábio**, os **mapas** e, mais recentemente, os **sistemas digitais**, como o GPS (*Global Positioning System*[i]).

[i] *Em português, "sistema de posicionamento global".*

3.1 Orientação pelos astros

A observação do nascer e do pôr do sol foi a primeira forma de orientação do homem. O ponto de onde o astro rei surge passou a ser chamado de ***Leste (L)***, *nascente* ou *Oriente*. O local em que o Sol se punha ficou conhecido como ***Oeste (O)***, *poente* ou *Ocidente*. Assim, foi possível determinar que à frente do observador está o ***Norte (N)***, *setentrional* ou *boreal*, e, em suas costas, o ***Sul (S)***, *meridional* ou *austral*. Estabeleceram-se, assim, os **pontos cardeais**.

Figura 3.1 – Orientação a partir do Sol

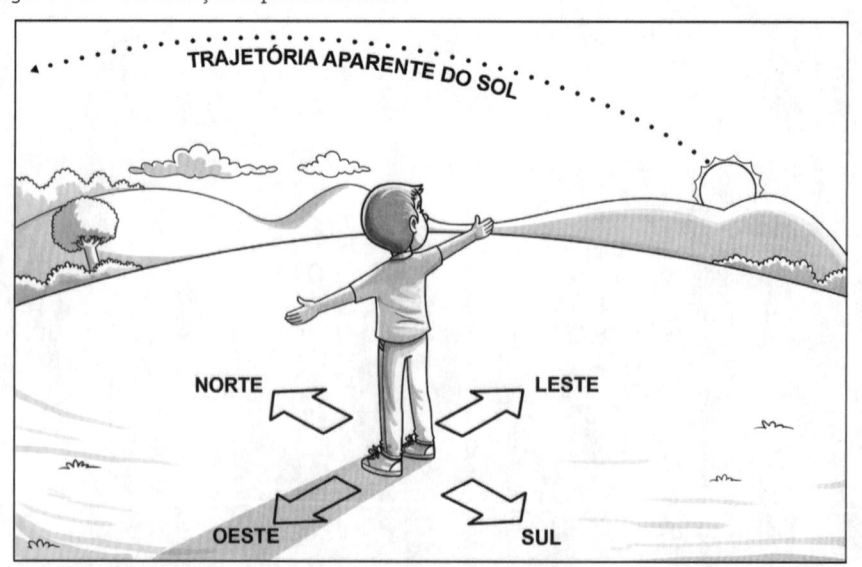

André Aguiar

Durante a noite, quando o Sol não brilha, o homem passou a orientar-se com ajuda da Lua. Nesse caso, o processo de obtenção dos pontos cardeais é igual ao do Sol. Contudo, nos dias de lua nova, quando ela não aparece à noite, no céu, o homem aprendeu a orientar-se pelas estrelas, com o auxílio das constelações. No Hemisfério Norte, a principal estrela – que aponta para o norte celeste – é a **Estrela Polar**. Já para o Hemisfério Sul, onde está localizada grande parte do Brasil, a principal referência celeste é o **Cruzeiro do Sul**.

Figura 3.2 – Orientação por meio do Cruzeiro do Sul

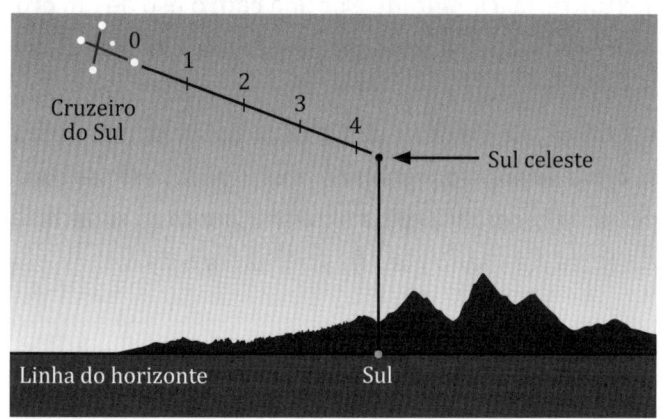

Figura 3.3 – Rosa dos ventos

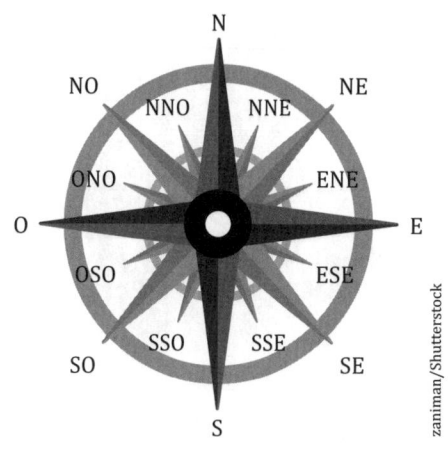

Cardeais	Colaterais
N – Norte	NE – Nordeste
S – Sul	SE – Sudeste
E – Este ou Leste	NO – Noroeste
O – Oeste	SO – Sudoeste

Intermédios
NNE – Nor-Nordeste
ENE – És-Nordeste
ESE – És-Sudeste
SSE – Su-Sudeste
SSO – Su-Sudoeste
OSO – Oés-Sudoeste
ONO – Oés-Noroeste
NNO – Nor-Noroeste

3.2 Rosa dos ventos

A representação dos **pontos cardeais** surgiu à medida que a tarefa de orientação e localização começou a ficar mais complexa, necessitando de pontos intermediários, como os **colaterais**, formados com base em dois pontos cardeais, e os **subcolaterais** ou **intermédios**, formados por um ponto cardeal e um colateral. Essa representação está sempre presente no fundo de uma bússola.

3.3 Instrumentos de orientação

Ao longo da história, o homem desenvolveu instrumentos para o auxiliarem na orientação e na localização dos diferentes lugares

Figura 3.4 – Bússola, sextante e GPS

pelos quais ele andava. A **bússola**, inventada pelos chineses, é um desses instrumentos. É composta de uma agulha imantada sobre a rosa dos ventos que aponta para o polo magnético norte da Terra – e não o geográfico, do qual está distante aproximadamente 1.400 km. É sempre usada com um mapa de navegação e auxilia até hoje navios e aviões em suas viagens.

Outro instrumento é o **astrolábio**, que calcula a posição de qualquer ponto da superfície da Terra em relação ao Sol e com o qual é possível obtermos a latitude de um local. O astrolábio evoluiu para o moderno **sextante**. Já a longitude é obtida com o uso de um **cronômetro náutico**. Recentemente, houve o desenvolvimento de um sistema que utiliza uma rede de satélites artificiais, surgindo, assim, o **GPS**, sigla em inglês para *sistema de posicionamento global*, que fornece as coordenadas geográficas para qualquer ponto na superfície da Terra e é usado para fins militares e civis.

3.4 Mapas

O mapa surgiu na Antiguidade e foi aperfeiçoado a partir da Idade Moderna em decorrência da necessidade de maior precisão para as navegações transoceânicas.

Os mapas são constituídos por um **título** e pelas indicações de *orientação*, *legenda*, *escala* e *linhas imaginárias*. O elemento de maior interesse neste momento é a malha de linhas imaginárias composta de **paralelos** e **meridianos** que possibilita a transposição da superfície curva da Terra para o papel plano.

Figura 3.5 – Elementos de um mapa

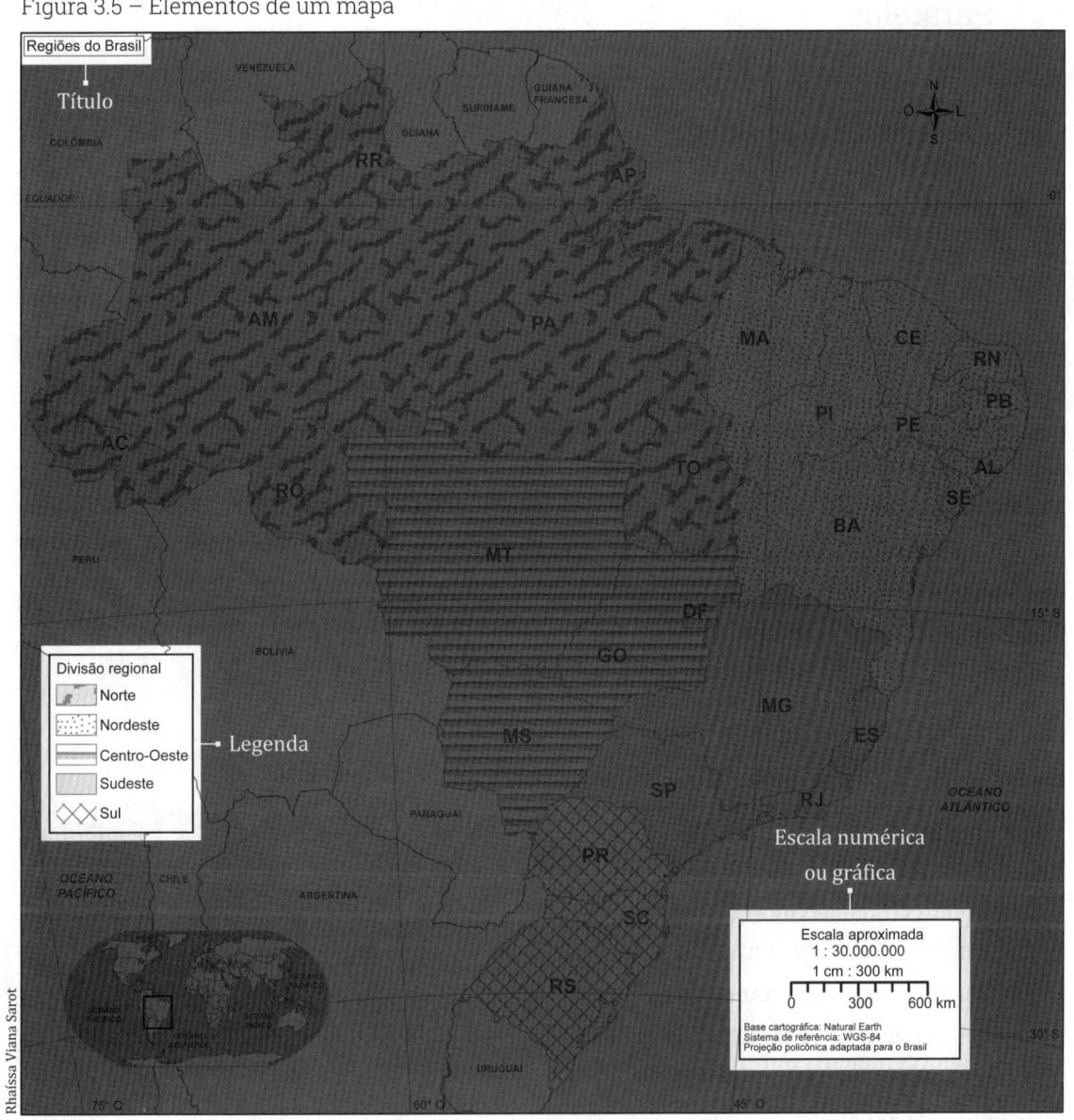

3.4.1 Paralelos

Os paralelos são linhas imaginárias horizontais que circundam a Terra a partir da Linha do Equador. Existem 90 para o **Hemisfério Norte** e outros 90 para o **Hemisfério Sul**, que, somados, totalizam 180 paralelos.

Além da Linha do Equador, são de importância os **Trópicos de Câncer** e **Capricórnio** e os **Círculos Polares Ártico** e **Antártico**. Quando medimos a distância em graus de um paralelo em relação ao Equador, obtemos a **latitude**, que varia de **0°** a **90°** para o norte ou para o sul.

3.4.2 Meridianos

Assim como os paralelos, os meridianos são linhas imaginárias, porém verticais, traçadas do Polo Norte ao Polo Sul. Com um total de 360 linhas, os meridianos são contados a partir do **Meridiano de Greenwich**, também conhecido como *Meridiano Primo*, sendo 180 para o **Hemisfério Leste** e 180 para o **Hemisfério Oeste**.

Outro importante meridiano é a **linha internacional de data (LID)**, também chamado de *antimeridiano* por estar em posição oposta à do Meridiano de Greenwich. Quando medimos a distância em graus de uma dessas linhas em relação ao Meridiano Primo, obtemos a **longitude**, que pode variar de **0°** a **180°** para o leste ou para o oeste.

3.4.3 Coordenadas geográficas

Assim como numa cidade temos o cruzamento de ruas ou avenidas, nos mapas, temos o ponto de encontro de dois eixos – um paralelo e um meridiano – os quais fornecem um "endereço" que, em vez do nome da rua com o número da casa, é formado pela latitude e pela longitude, ambas expressas em graus, minutos e segundos, em virtude do formato semiesférico de nosso planeta.

Figura 3.6 – Latitude e longitude de um ponto na superfície da Terra

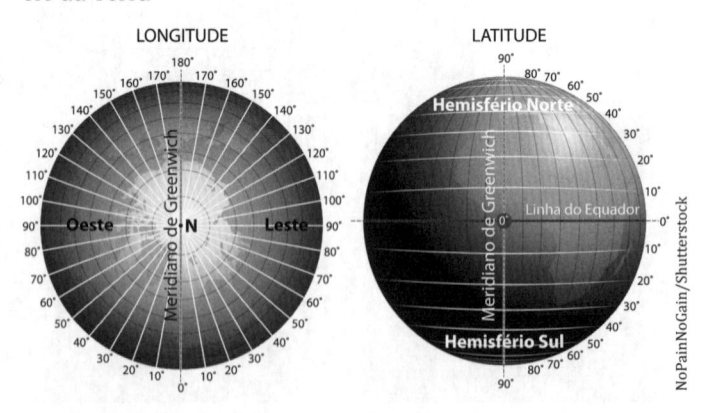

Como exemplo, vamos localizar o ponto A no mapa-múndi a seguir.

Figura 3.7 – Mapa-múndi ou planisfério com rede de coordenadas geográficas

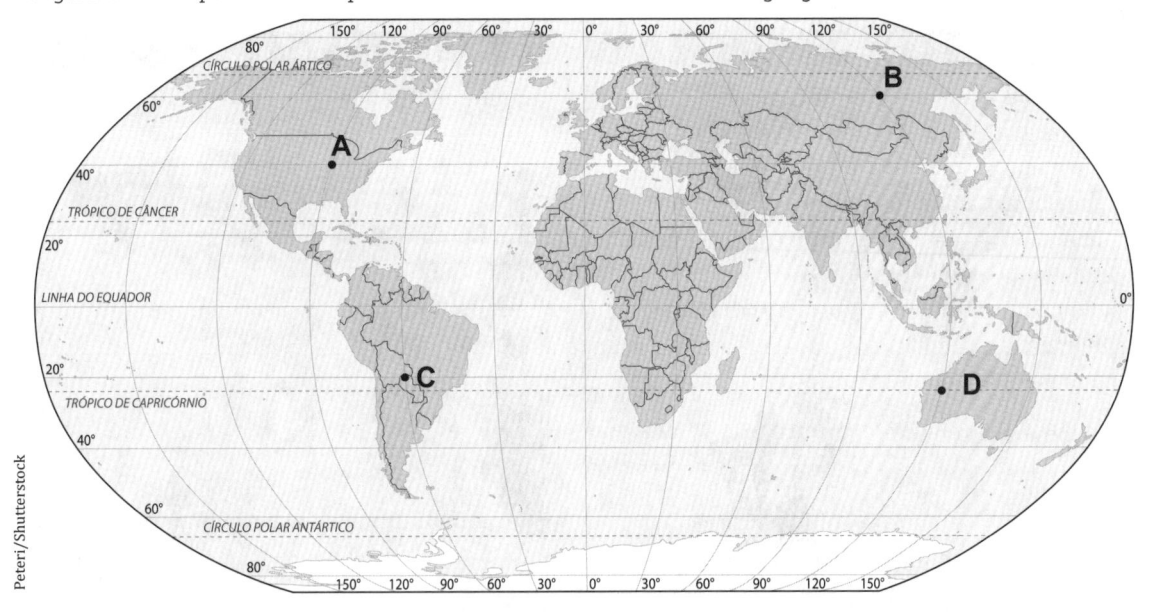

O paralelo de 40° N fornece a latitude, e o meridiano de 120° O, a longitude, que são as coordenadas geográficas do local marcado pela letra A. Como forma de fixar o conteúdo, descubra as coordenadas dos pontos B, C e D.

3.5 Fusos horários

A distribuição das diferentes horas na superfície da Terra é uma **convenção internacional** assinada em um tratado de **1884** na capital dos Estados Unidos, **Washington**. Segundo esse tratado, o meridiano que passa pelo observatório astronômico de Greenwich é a referência para a contagem das longitudes e das **24 faixas de 15°** para os fusos horários. Desse total, 12 fusos estão no Hemisfério Leste, com horário adiantado em relação ao de Greenwich, e os outros 12 fusos estão localizados no Hemisfério Oeste, com as horas atrasadas em relação às do Meridiano Primo.

Figura 3.8 – Divisão dos fusos horários

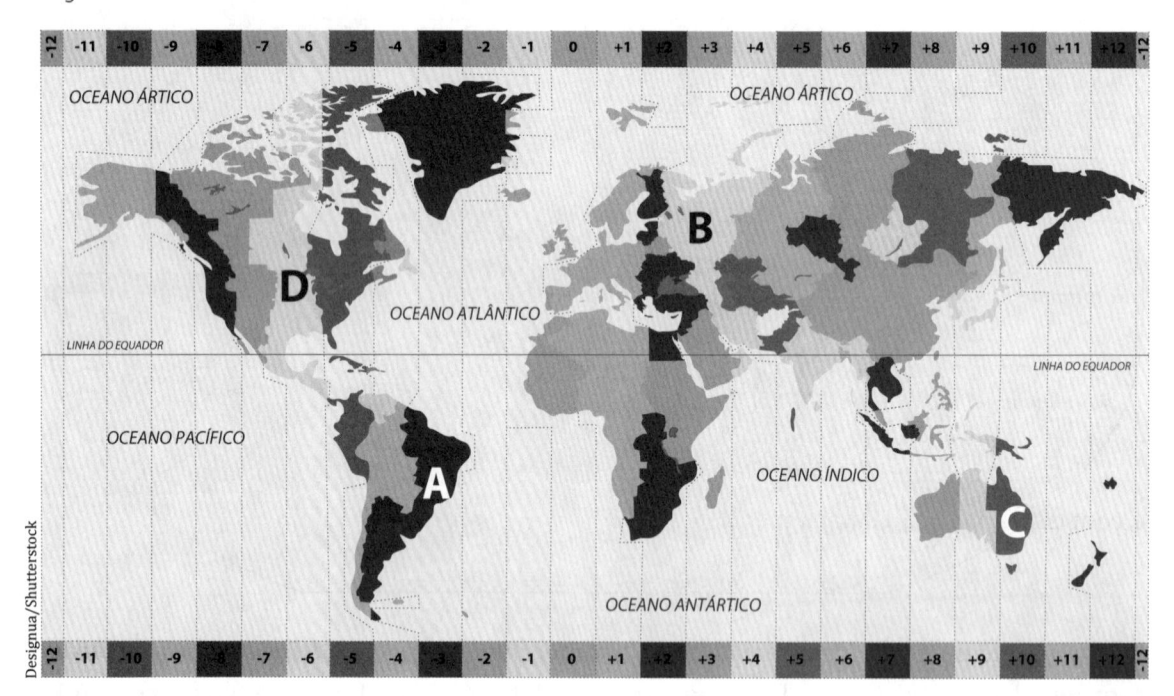

O cálculo das horas na superfície da Terra, feito com o auxílio de um mapa que contém a divisão dos fusos horários, é bem simples. Nossa referência sempre é Greenwich. Por exemplo, na Figura 3.8, se sabemos que em Greenwich são 17 horas, o horário do ponto **A**, que está a oeste, é de 3 horas a menos – portanto, 14 horas. Já quem se encontra no ponto **C** está 10 horas adiantado em relação a quem está em Greenwich, o que corresponde às 3 horas do dia seguinte (**DDS**), pois, nesse caso, são descontadas 24 horas. Em um caso oposto, no qual devemos somar 24 horas, o dia será anterior (ou o mesmo) ao de Greenwich (**DDA**).

Agora, tente calcular os horários dos demais pontos, B e D, sabendo que, no ponto A, são 10 horas da manhã.

3.6 Representação cartográfica

Separada da geografia desde o século XIX, a **cartografia** é uma ciência e é a arte da construção de plantas, cartas, mapas e planisférios. Foram desenvolvidas ao longo do tempo as **projeções cartográficas** que fazem a transposição dos elementos da Terra de seu tamanho real para um desenho plano, com a menor distorção possível, obedecendo a uma **escala** desejada.

A variação das escalas produz diferentes documentos. Uma **planta**, por exemplo, apresenta detalhes como arruamento, divisão de lotes e terrenos e até mesmo a iluminação pública de um bairro. Quando necessitamos de maior generalização, lançamos mão das **cartas topográficas** – que recebem esse nome por mostrar a variação das altitudes no terreno por meio das curvas de nível (ou isoípsas). **Mapas regionais**, representando conjunto de países, e **planisférios**, que representam o planeta, abrangem grandes áreas da superfície da Terra, e, com isso, abdicam o detalhamento.

Quadro 3.1 – Escalas e suas finalidades

Categoria	Escala	Finalidade do mapa
Grande	1 : 50 a 1 : 100	Plantas arquitetônicas e de engenharia.
	1 : 500 a 1 : 20.000	Plantas urbanas e projetos de engenharia.
Média	1 : 25.000 a 1 : 250.000	Mapas topográficos.
Pequena	Acima de 1 : 250.000	Atlas geográficos e globos.

Atualmente, há várias projeções cartográficas, mas duas têm se notabilizado pelo uso prático e ideológico: as projeções cilíndricas de **Mercator** e de **Peters**.

A primeira foi desenvolvida no século XVI pelo cartógrafo flamengo **Gerardus Mercator**. Usada na navegação, apresenta paralelos e meridianos formando quadrículas perfeitas com ângulo de 90° e, por isso, é considerada **conforme**. Por preservar as distâncias e o contorno dos continentes, também é chamada de *equidistante*.

Essa projeção, porém, apresenta um problema: a distorção nas áreas em altas latitudes, ou seja, altera os valores em km² do extremo norte da América e da Eurásia. No campo ideológico, é considerada eurocêntrica por colocar a Europa no centro do mapa, com um tamanho maior do que o real.

Figura 3.9 – Projeção de Mercator

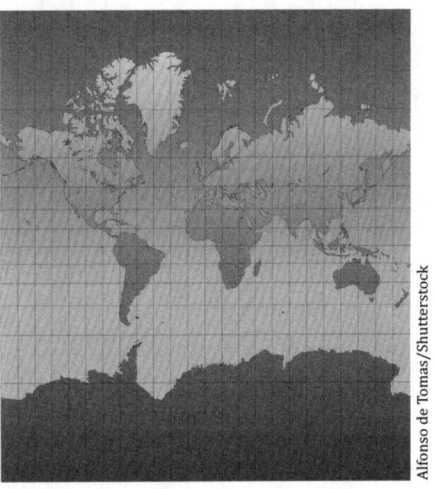

A projeção desenvolvida pelo cartógrafo alemão **Arno Peters** em 1973 procurou resolver o problema das áreas distorcidas, recebendo seu planisfério a designação de *equivalente*. Contudo, o contorno dos continentes ficou alterado, não sendo confiável para cálculos de distância e navegação. A grande intenção é apontar as contradições da dominação do Hemisfério Norte, rico em relação ao Hemisfério Sul, invertendo inclusive a posição dos polos geográficos. Por isso, é chamado de **terceiro-mundista**, já que beneficiaria os países **subdesenvolvidos** – chamados na época de *países do terceiro mundo*.

Mapa 3.1 – Projeção de Peters

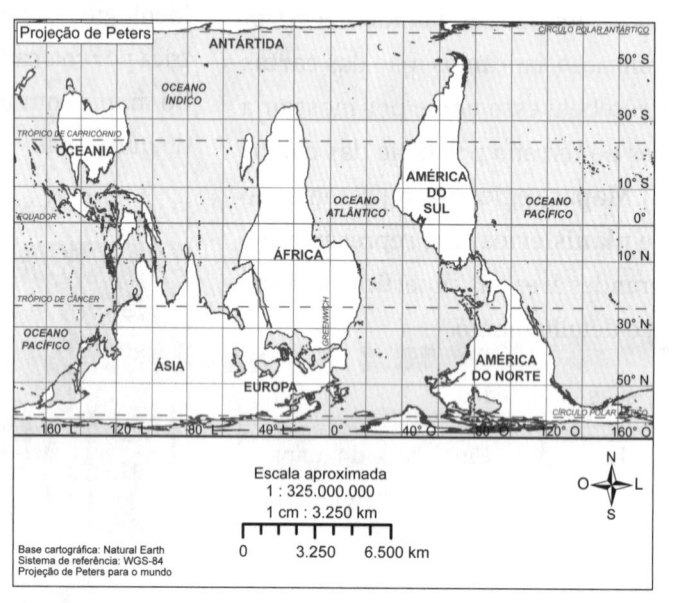

Exercícios

1) Em relação aos chamados pontos *subcolaterais*, é correto afirmar:
   a) São compostos de quatro sentidos principais: Norte, Sul, Leste e Oeste.
   b) Fazem a orientação intermediária entre os pontos cardeais.
   c) Surgem da união de dois pontos cardeais, como no caso do nordeste.
   d) São formados por um ponto cardeal e um colateral.
   e) Estabelecem os pontos setentrional, meridional, oriental e ocidental de uma bússola.

2) Qual é o nome do instrumento apresentado na figura a seguir?

a) Bússola eletrônica.
b) Sextante digital.
c) Mapa digital.
d) GPS.
e) Computador de bordo.

3) Para obter os pontos cardeais tomando por base o Sol, é preciso:
   a) saber onde se encontra o nascente, que coincide com o Leste ou Oriente.
   b) ter uma bússola que indica o norte magnético e, então, obter os demais pontos cardeais.
   c) esperar que o Sol alcance o zênite e indique o Norte geográfico com o qual se conseguem os demais pontos cardeais.
   d) ter um mapa e uma bússola e, só então, obter os pontos cardeais e colaterais.
   e) observar o pôr do sol e, dessa forma, definir o Leste para então estabelecer o Norte, o Sul e o Oeste.

4) Observe a imagem a seguir e assinale a alternativa correta:

a) Representa o conjunto de linhas imaginárias formado por paralelos e meridianos.
b) Mostra as coordenadas geográficas formadas por uma latitude e uma longitude.
c) Apresenta os meridianos, linhas verticais que unem um polo a outro.
d) Demonstra os 180 paralelos contados a partir do Meridiano de Greenwich.
e) Retrata os paralelos, pois se trata de círculos que circundam a Terra a partir do Equador.

5) Assinale a alternativa com as coordenadas geográficas corretas dos pontos A e B.

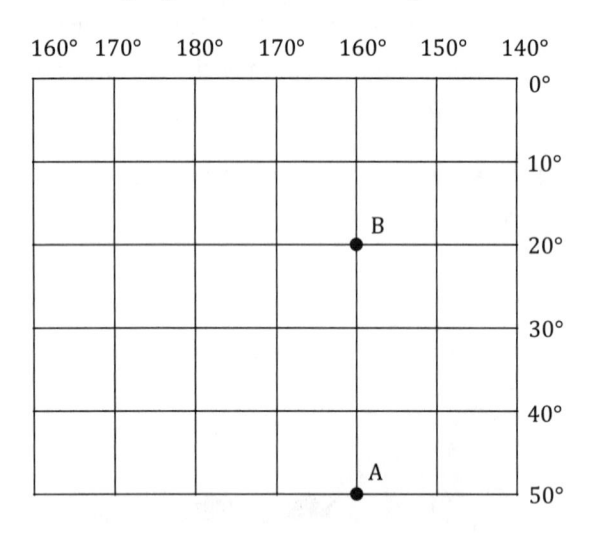

a) **A**: 20° S e 160° L; **B**: 50° S e 160° L.
b) **A**: 20° N e 140° O; **B**: 50° N e 150° O.
c) **A**: 20° N e 180° L; **B**: 50° S e 180° O.
d) **A**: 160° S e 50° L; **B**: 160° S e 20° L.
e) **A**: 50° S e 160° O; **B**: 20° S e 160° O.

6) É o antimeridiano do Meridiano de Greenwich:
a) Linha do Equador.
b) LID.
c) Círculo Polar Ártico.
d) Trópico de Câncer.
e) Meridiano Primo.

7) Uma representação cartográfica com escala 1 : 10.000 pode ser considerada:
a) uma planta.
b) um globo terrestre.
c) uma carta topográfica.
d) um mapa.
e) um planisfério.

8) A projeção de Mercator é considerada equidistante e conforme, pois:
a) preserva as áreas em prejuízo do contorno dos continentes e oceanos.
b) preserva e representa bem as distâncias, os contornos e os ângulos de 90°.
c) preserva os contornos, porém, o cálculo das distâncias não é confiável.
d) mantém as distâncias entre os pontos de um mapa, mas deforma seus ângulos.
e) não preserva as áreas, mas mantém corretos os valores dos ângulos.

9) A agulha de uma bússola sempre aponta para:
a) o Norte geográfico da Terra.
b) o sul magnético da Terra.
c) o norte magnético da Terra.
d) o Norte verdadeiro.
e) o Sul geográfico da Terra.

10) Identifique a imagem que representa a projeção de Peters.

a)

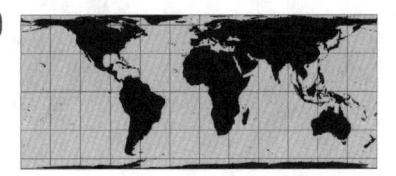

b)

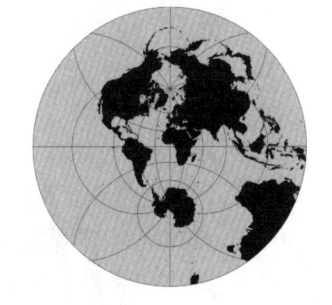

c)

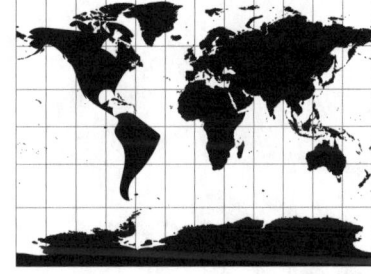

d)

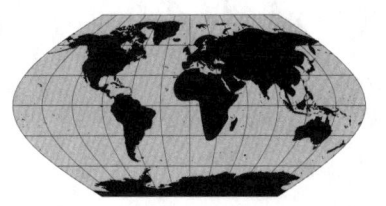

e)

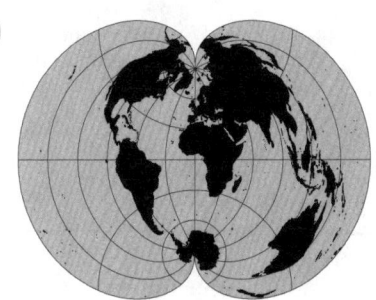

Parte II
Geografia do Brasil

capítulo quatro

Dono de um vasto e diversificado território, o **Brasil** apresenta características continentais.

4.1 Localização

O território brasileiro domina **47% da área da América do Sul** e, por isso, faz fronteira com quase todos os países desse continente, à exceção do Equador e do Chile.

Todo o território do país situa-se a oeste do Meridiano de Greenwich, no Hemisfério Ocidental da Terra. Como é cortado pela Linha do Equador, tem 7% de sua área no Hemisfério Norte e os outros 93% na parte meridional da Terra. O Trópico de Capricórnio atravessa o território meridional do país fazendo com que **92%** de seu território se encontre na **zona intertropical**, e **8%**, na **zona extratropical**.

4.2 Dimensão

Com uma área de **8.515.767,049 km²**, o Brasil é o quinto maior país da Terra, ficando atrás somente da Rússia, do Canadá, da China e dos Estados Unidos, e o terceiro maior país da América. Mesmo assim, está na segunda colocação das chamadas **terras ecúmenas**, aquelas que apresentam condições satisfatórias para o desenvolvimento da agricultura e a fixação de cidades.

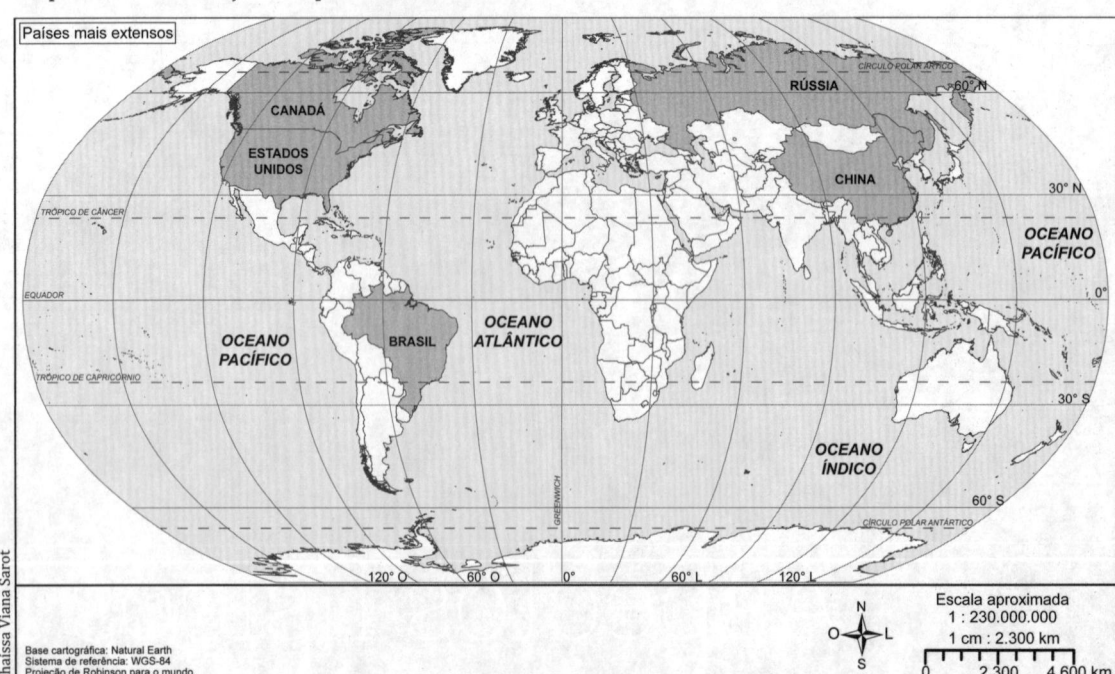

Mapa 4.1 – Localização dos países mais extensos

Fonte: IBGE, 2007.

4.2.1 Pontos extremos e fronteiras

O Brasil, em razão de sua extensão, tem **15.719 km** de fronteiras com nove países da América do Sul e um território ultramarino, a Guiana Francesa. Já com o Oceano Atlântico, apresenta uma costa linear de **7.367 km**, sem contar as reentrâncias, como baías e enseadas. A maior fronteira individual é com a **Bolívia** (3.126 km), e a menor, com o **Suriname** (593 km).

Mapa 4.2 – Fronteiras e pontos extremos do Brasil

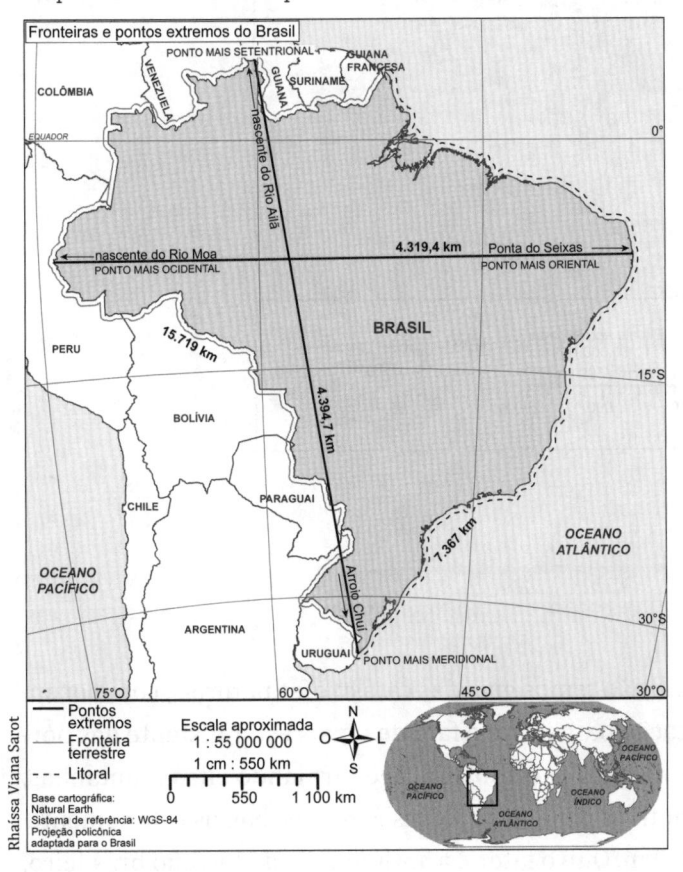

Fonte: Projeto Jimboê, 2017.

Os pontos extremos do Brasil são: ao **norte**, a nascente do Rio Ailã, no Monte Caburaí, em Roraima; ao **sul**, o Arroio Chuí, no Rio Grande do Sul; a **leste**, a Ponta do Seixas, na Paraíba; por último, a **oeste**, a nascente do Rio Moa, na Serra da Contamana, no Acre.

4.2.2 Fusos horários

Em virtude da localização e da extensão do país, o Brasil conta com **quatro fusos horários** correspondentes às faixas de 15°, 30°, 45° e 60° (leva-se em consideração o meridiano central de cada faixa de 15°) de longitude a oeste de Greenwich (portanto, com horários atrasados em relação ao meridiano primo).

A hora oficial é correspondente à de Brasília, que está na faixa de 45° O do segundo fuso brasileiro – três horas atrasadas em relação ao Meridiano de Greenwich na maioria do ano (duas horas atrasadas no horário de verão local).

Mapa 4.3 – Fusos horários do Brasil

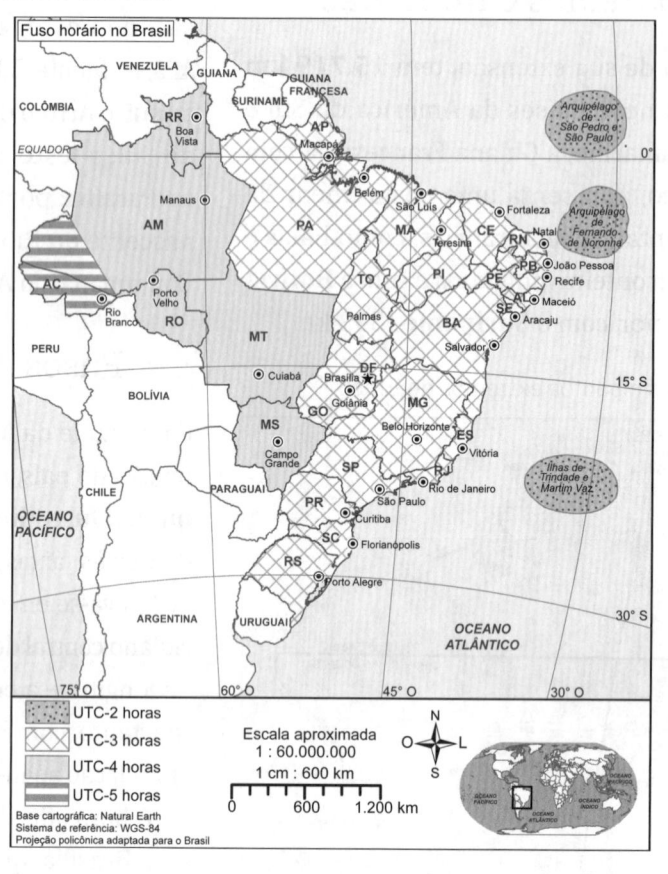

Fonte: Horário..., 2015.

4.3 Geologia

Você já deve ter escutado que, no Brasil, não temos grandes catástrofes naturais, como erupções vulcânicas e terremotos. A explicação para isso é o fato de o país estar distante das bordas da placa tectônica sul-americana, na qual o tectonismo age formando altas montanhas, vulcões e terremotos. Esse é um dos motivos de termos serras e morros baixos e de somente 2% do Brasil ter altitude acima de 1.000 m. Outro fator é a antiguidade do terreno brasileiro, que está exposto à erosão há milhões de anos.

Encontramos duas importantes estruturas geológicas no Brasil: os **escudos cristalinos**, que representam 36% da área de onde retiramos minerais importantes para a indústria, como ferro, bauxita e manganês, e **as bacias sedimentares**, que dominam 64% do território e nas quais podemos explorar petróleo, gás natural e xisto pirobetuminoso, que são importantes fontes de energia.

Mapa 4.4 – Estrutura geológica do Brasil

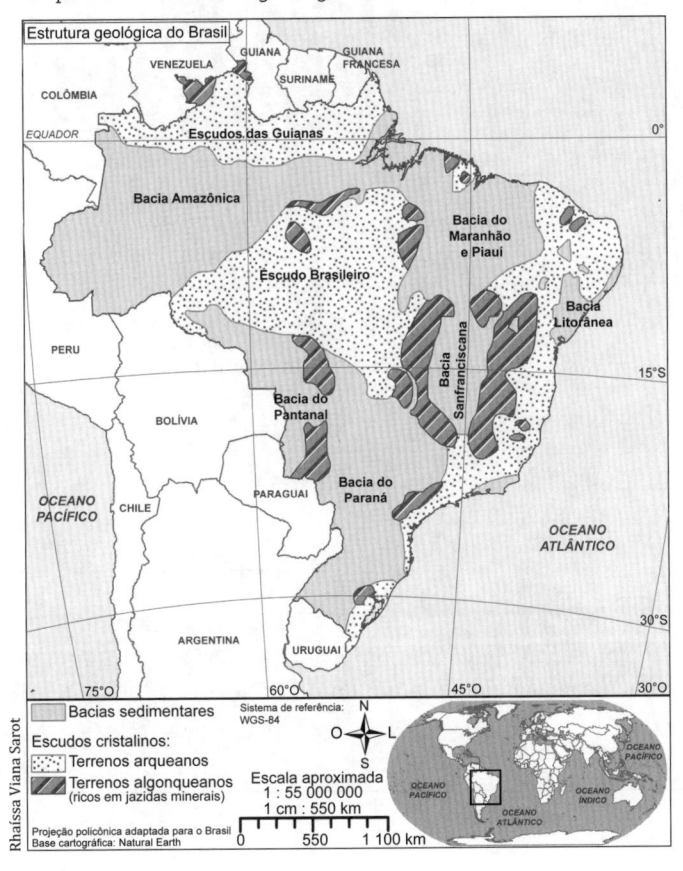

Fonte: Brasil Geografado, 2014.

4.4 Relevo

Como foi dito antes, por não haver um tectonismo atuante, os **agentes externos** tornam-se os principais modeladores da paisagem natural brasileira, formando planaltos baixos, depressões relativas – como atestam as altitudes médias e baixas (entre 500 m e 750 m), bem como o ponto culminante do país, o Pico da Neblina, com 2.994 m, no norte do Brasil (fronteira com a Venezuela), fruto de uma intensa erosão – e planícies ao longo da costa litorânea, nas margens dos grandes rios, na bacia do Rio Amazonas e no Pantanal Mato-Grossense, onde há intenso processo de deposição de sedimentos.

A principal classificação do relevo foi apresentada pelo professor brasileiro **Jurandyr Ross** na década de 1990. Anteriormente, os geógrafos **Aroldo de Azevedo** e **Aziz Ab'Saber** já haviam apontado nessa direção em suas classificações.

Mapa 4.5 – Classificação do relevo segundo Jurandyr Ross

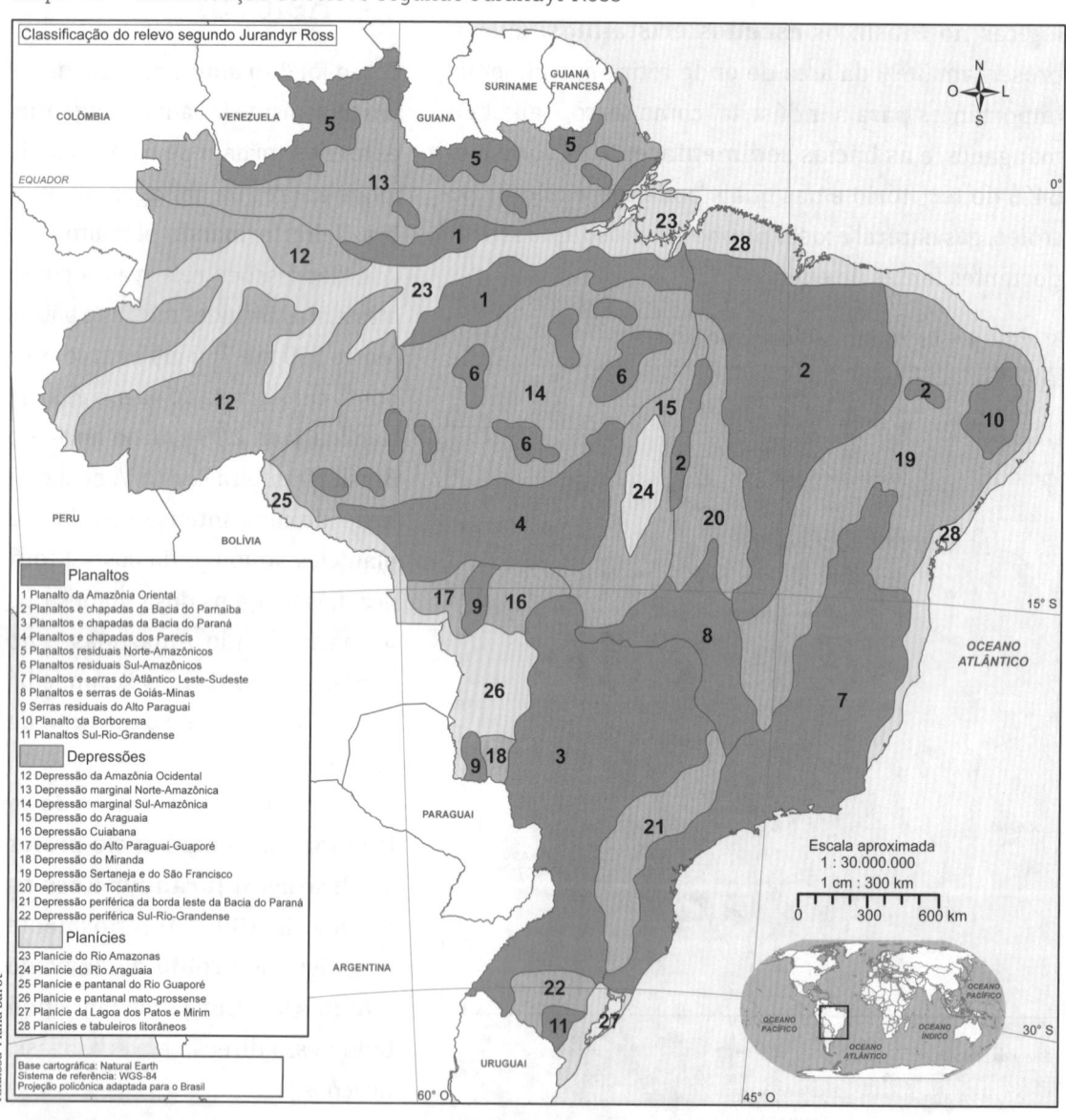

Planaltos
1 Planalto da Amazônia Oriental
2 Planaltos e chapadas da Bacia do Parnaíba
3 Planaltos e chapadas da Bacia do Paraná
4 Planaltos e chapadas dos Parecis
5 Planaltos residuais Norte-Amazônicos
6 Planaltos residuais Sul-Amazônicos
7 Planaltos e serras do Atlântico Leste-Sudeste
8 Planaltos e serras de Goiás-Minas
9 Serras residuais do Alto Paraguai
10 Planalto da Borborema
11 Planaltos Sul-Rio-Grandense

Depressões
12 Depressão da Amazônia Ocidental
13 Depressão marginal Norte-Amazônica
14 Depressão marginal Sul-Amazônica
15 Depressão do Araguaia
16 Depressão Cuiabana
17 Depressão do Alto Paraguai-Guaporé
18 Depressão do Miranda
19 Depressão Sertaneja e do São Francisco
20 Depressão do Tocantins
21 Depressão periférica da borda leste da Bacia do Paraná
22 Depressão periférica Sul-Rio-Grandense

Planícies
23 Planície do Rio Amazonas
24 Planície do Rio Araguaia
25 Planície e pantanal do Rio Guaporé
26 Planície e pantanal mato-grossense
27 Planície da Lagoa dos Patos e Mirim
28 Planícies e tabuleiros litorâneos

Escala aproximada
1 : 30.000.000
1 cm : 300 km
0   300   600 km

Base cartográfica: Natural Earth
Sistema de referência: WGS-84
Projeção policônica adaptada para o Brasil

Rhaíssa Viana Sarot

Fonte: Ávila, 2012.

Esses pesquisadores também apontaram a existência de algumas formas de relevo comuns no Brasil: os **morros com topo arredondado**, como o Pão de Açúcar, no Rio de Janeiro; as **escarpas**, como a Serra do Mar, que formam um desnível ou degrau de acesso aos planaltos; e as **chapadas**, que são planaltos de topo reto, como a dos Guimarães, no Mato Grosso.

Figura 4.1 – Pão de Açúcar, Serra do Mar e Chapada dos Guimarães

Exercícios

1) O Brasil é considerado um país totalmente ocidental por estar:
   a) ao norte da Linha do Equador.
   b) ao sul da Linha do Equador.
   c) a oeste do Meridiano de Greenwich.
   d) a leste do Meridiano de Greenwich.
   e) ao sul do Trópico de Câncer.

2) O Brasil é um país de extensão continental e, por isso, faz fronteira com todos os países da América do Sul, **exceto**:
   a) Chile e Equador.
   b) Uruguai e Chile.
   c) Guiana e Suriname.
   d) Equador e Guiana.
   e) Bolívia e Peru.

3) Assinale a alternativa que contém as duas linhas imaginárias que cruzam o território brasileiro:
   a) Trópico de Câncer e Meridiano de Greenwich.
   b) Círculo Polar Antártico e Trópico de Capricórnio.
   c) Linha do Equador e Trópico de Capricórnio.

d) Meridiano Primo e Trópico de Câncer.
e) Linha Internacional de Data e Meridiano Primo.

4) A respeito do quarto fuso horário brasileiro, assinale a afirmativa correta:
   a) Corresponde à maior parte do Brasil e é a hora oficial de Brasília.
   b) Abrange os estados do Amazonas, Mato Grosso, Mato Grosso do Sul, Rondônia e Roraima.
   c) Está duas horas atrasado em relação a Greenwich e uma hora adiantado em relação a Brasília.
   d) É o fuso horário do Estado do Acre, que está a menos cinco horas em relação a Greenwich.
   e) O Estado do Paraná faz parte desse fuso, que corresponde à hora oficial: horário da Capital Federal, Brasília.

5) Identifique a forma de relevo representada na figura a seguir:

a) Serra do Mar.
b) Chapada.
c) Planície.
d) Depressão.
e) Montanha.

6) Quanto à geologia do Brasil, assinale a alternativa correta:
   a) Não apresenta dobramentos modernos, uma vez que o tectonismo não é atuante.
   b) O território está totalmente assentado sobre um único escudo cristalino.
   c) Os agentes externos pouco influenciam na modelagem do relevo.
   d) O vulcanismo é o principal agente do relevo, construindo altas montanhas e serras.
   e) As bacias sedimentares são a única estrutura geológica existente no Brasil.

7) Os escudos cristalinos podem ser caracterizados como:
   a) estruturas geológicas recentes sem nenhum mineral estratégico.
   b) espaços formados pela sedimentação, onde é possível achar petróleo e gás natural.

c) formações bastante antigas, onde encontramos minérios metálicos, como ferro e manganês.
d) terrenos onde há formação dos dobramentos modernos.
e) locais que dominam 64% do território nacional e são bastante erodidos.

8) O litoral brasileiro tem uma extensão linear de 7.367 km marcada por dois pontos extremos, que são:
a) Ponta do Seixas, na Paraíba, e Serra do Caburaí, em Roraima.
b) Monte Caburaí, em Roraima, e Arroio Chuí, no Rio Grande do Sul.
c) Cabo Orange, no Amapá, e Serra da Contamana, no Acre.
d) Ponta do Seixas, na Paraíba, e Serra do Caburaí, em Roraima.
e) Cabo Orange, no Amapá, e Arroio Chuí, no Rio Grande do Sul.

9) Assinale a alternativa **incorreta** sobre o relevo brasileiro:
a) Percebe-se um domínio de formas de relevo baixas e bastante erodidas.
b) O Pantanal Mato-Grossense é um exemplo de planície no Brasil.
c) Agentes externos como a chuva e os rios são responsáveis pela alteração das diferentes formas de relevo.
d) Predomina a alternância de planaltos e depressões relativos.
e) Os dobramentos modernos como a Serra do Mar dominam as paisagens naturais.

10) O ponto culminante do Brasil está localizado na fronteira com a Venezuela. Identifique-o nas alternativas a seguir.
a) Pico 31 de Março, com 2.973 m.
b) Pedra da Mina, com 2.798 m.
c) Pico da Bandeira, com 2.892 m.
d) Pico da Neblina, com 2.994 m.
e) Monte Roraima, com 2.810 m.

capítulo cinco

A localização, a geologia e o relevo do Brasil, estudados anteriormente, influenciam na **distribuição dos rios, dos climas** e **da vegetação** em nosso território, além de influenciar, é claro, na forma como ocupamos o espaço mediante os potenciais naturais disponíveis.

5.1 Hidrografia

A hidrografia é uma subárea de conhecimento da geografia que estuda a distribuição e as características dos rios e de suas bacias hidrográficas.

O Brasil conta com um grande número de **rios perenes** volumosos que lançam suas águas ao mar – chamados, por isso, de *exorreicos*. A exceção são os rios nordestinos, pois muitos deles são *temporários* e existem apenas na estação das chuvas, como o Rio Jaguaribe, no Ceará.

Outra característica da hidrografia brasileira é o **regime**, modo como esses rios são abastecidos. No caso do Brasil, o principal regime é o **pluvial**, pelas chuvas. Há somente um rio que é alimentado parcialmente por geleiras, o Rio Amazonas, cujo regime é misto. A maior parte das bacias hidrográficas brasileiras é de rios de planalto com alto potencial de geração de energia. Um dado relevante é o pequeno número de lagos, com destaque para o complexo formado pela Lagoa dos Patos, pela Lagoa Mirim e pela Lagoa Mangueira, no Rio Grande do Sul.

Há seis bacias principais: Amazônica, Tocantins-Araguaia, São Francisco, Paraguai, Paraná e Uruguai. Os demais rios de importância regional, como o Paraíba do Sul, no Sudeste, são agrupados em três bacias secundárias: Nordeste, Leste e Sul-Sudeste.

Mapa 5.1 – Bacias principais e secundárias do Brasil

Fonte: Britannica Escola, 2017.

5.2 Clima

Como vimos no capítulo anterior, grande parte do Brasil está localizada na zona intertropical da Terra, onde há mais luz e calor. Por isso, temos vários tipos de climas quentes, exceto na Região Sul, uma pequena área extratropical ao sul do Trópico de Capricórnio, em que encontramos o clima subtropical.

Outros fatores também são determinantes, como o **formato triangular** dos territórios sul-americano e brasileiro, que permite uma fácil circulação de massas carregadas de umidade do mar – elemento importante para a regularidade das chuvas –, e o **relevo dominado por planaltos** entre 500 m e 750 m, nos quais a altitude ajuda a amenizar as altas temperaturas verificadas nos vários tipos de climas tropicais.

A circulação de **cinco massas de ar** pelo território do Brasil determina a dinâmica climática e meteorológica do país. No quadro a seguir, estão descritos o nome, a origem e as principais características dessas massas.

Quadro 5.1 – Massas de ar do Brasil

Denominação	Centro de origem	Características
Equatorial Continental (mEc)	Noroeste da Amazônia	Quente e úmida
Equatorial Atlântica (mEa)	Anticiclone dos Açores	Quente e úmida com ventos alísios de NE[1]
Tropical Atlântica (mTa)	Anticiclone de Santa Helena	Quente e úmida com ventos alísios de SE[2]
Tropical Continental (mTc)	Chaco paraguaio e boliviano	Quente e seca
Polar Atlântica (mPa)	Patagônia	No início, é fria e seca; depois, torna-se fria e úmida

[1] NE: Nordeste. [2] SE: Sudeste.

Fonte: Adas, 1985, p. 66.

As duas principais massas de ar que atuam no inverno são a tropical atlântica (**mTa**) e a polar atlântica (**mPa**), que, quando se chocam, causam as chuvas frontais, muito comuns no sul e no sudeste do Brasil, seguidas por quedas abruptas de temperatura, e que geram, nos planaltos meridionais, a ocorrência de geadas e, ocasionalmente, de neve. No verão, a equatorial continental (**mEc**) e a **mTa** são responsáveis pelas fortes chuvas convectivas, entre os meses de dezembro e março, em todo território nacional.

Figura 5.1 – Massas de ar

Verão	Inverno
mEa, mEc, mTc, mTa	mEa, mEc, mTc, mTa, mPa, Alísios de sudeste

mEa → Equatorial atlântica
mEc → Equatorial continental
mTa → Tropical atlântica
mTc → Tropical continental
mPa → Polar atlântica

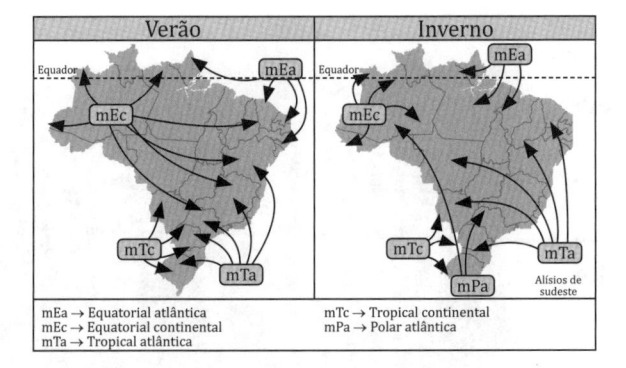

Mapa 5.2 – Classificação climática de Strahler

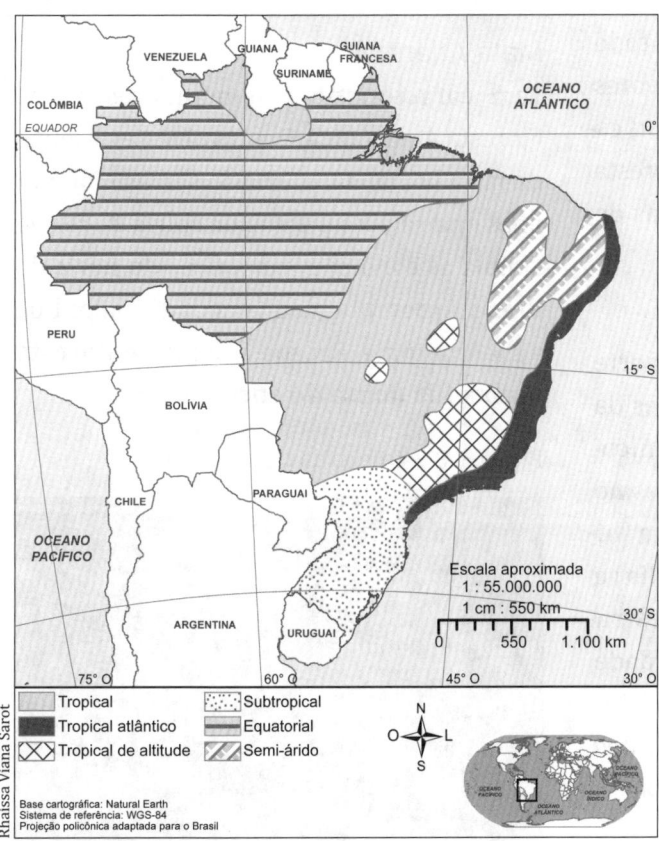

Legenda:
- Tropical
- Tropical atlântico
- Tropical de altitude
- Subtropical
- Equatorial
- Semi-árido

Escala aproximada 1 : 55.000.000
1 cm : 550 km

Base cartográfica: Natural Earth
Sistema de referência: WGS-84
Projeção policônica adaptada para o Brasil

Fonte: Brasil..., 2017.

A classificação climática do geólogo **Arthur Strahler**, que leva em consideração a dinâmica das massas de ar, identifica seis grandes tipos de climas. Essa distribuição pode ser verificada no Mapa 5.2.

O clima **equatorial** tem alta pluviosidade, com temperaturas acima de 25 °C, e domina a porção setentrional do Brasil. Já o clima **tropical**, típico do Brasil Central, apresenta médias térmicas entre 20 °C e 25 °C e duas estações bem marcadas: um verão chuvoso e um inverno com estiagem. Seu similar, o **tropical de altitude**, registra no inverno temperaturas abaixo de 20 °C, devido às altitudes e à subida de massas de ar frio no sudeste.

O clima **tropical atlântico** ou **litorâneo** apresenta chuvas bem distribuídas o ano todo, com temperaturas acima de 20 °C, sendo influenciado pelas massas **mTa** e **mPa**. Outro tipo de clima quente é o **semiárido**, encontrado na depressão sertaneja, com precipitação pequena, mal distribuída e concentrada em dois meses do ano, fevereiro e março. Por fim, há também o clima **subtropical úmido**, do sul do país, com verões amenos e invernos frios.

5.3 Vegetação

Resultado da relação entre fatores bióticos e abióticos como solo, relevo e clima, a vegetação no Brasil está dividida em três grandes formações: florestal, herbácea e complexa. É importante salientar que grande parte desses biomas está parcial ou totalmente alterada pela ação do homem.

5.3.1 Formações florestais

Consideramos como formação florestal todo conjunto vegetacional dominado por árvores altas que formam diferentes andares ou estratos. No Brasil, merece destaque a Floresta Amazônica, a Mata Atlântica e as matas de araucárias.

Floresta Amazônica

Localizada em uma extensa área do norte do Brasil, estende-se para outros países da América do Sul e coincide com a planície formada pela bacia hidrográfica de mesmo nome. É uma formação latifoliada úmida (**hidrófila**), com folhas perenes (**perenifólia**) e árvores altas apresentando estratos (**estratificada**). Com uma grande biodiversidade, tem sido ameaçada pela expansão da fronteira agrícola. Também chamada de *Hyloea brasiliensis* e **floresta ombrófila densa**.

Figura 5.2 – Queimada na Amazônia

Mata Atlântica

Tem características semelhantes às da Floresta Amazônica. Desenvolve-se ao longo da faixa litorânea, cobrindo serras e montanhas onde a precipitação da chuva de relevo simula as condições climáticas do norte do Brasil. Apresenta biodiversidade maior que a da Amazônia. Recebe o nome de **floresta ombrófila densa de encosta**.

Figura 5.3 – Trecho da Mata Atlântica

Mata de Araucária

A ocorrência desse tipo de vegetação está associada a dois fatores: clima subtropical e altitudes acima de 500 m. Por isso, foi uma vegetação característica dos planaltos meridionais, já que existem intactos somente 2% de sua área original. Apresenta espécies da Mata Atlântica, com pinheiros e arbustos como a **erva-mate**, e por isso recebe a designação de **floresta ombrófila mista**. Seu símbolo é o **pinheiro-do-paraná** (*Araucaria angustifolia*) e é considerada uma vegetação **acicufoliada**.

Figura 5.4 – Pinheiro-do-paraná

5.3.2 Formações herbáceas

As formações herbáceas são as coberturas vegetacionais dominadas por gramíneas, arbustos e árvores baixas, distantes umas das outras. Podemos destacar o cerrado, a caatinga e os campos.

Cerrado

Principal representante da formação herbácea, domina o Planalto Central do Brasil e tem um aspecto retorcido com folhas pequenas e casca grossa. As árvores estão separadas e entre elas encontramos arbustos com gramíneas, apesar da aparência de um *hotspot* (ponto quente) de biodiversidade. Vem sendo substituída por fazendas de soja e pela criação de gado.

Figura 5.5 – Cerrado

Caatinga

Formação típica do semiárido nordestino que, assim como o cerrado, apresenta forte caráter xerófito, ou seja, adaptações à seca, como raízes profundas, folhas pequenas, árvores baixas e a presença de cactos como o xique-xique.

Figura 5.6 – Caatinga

Campos

O principal representante desse tipo é a Campanha Gaúcha, também conhecida como *Pampa*, formada por gramíneas. Quando há a ocorrência de arbustos, são chamados de *campos sujos*. Há várias manchas dessa formação que recebem designações locais, como os *Campos Gerais*, no Paraná.

Figura 5.7 – Campanha Gaúcha

5.3.3 Formações complexas

Recebem essa designação todas as coberturas vegetais sem uma característica fitogeográfica própria que contam com espécies de outros biomas, como o **complexo do Pantanal**, a **zona dos cocais** e as **formações litorâneas**.

Figura 5.8 – Pantanal

Exercícios

1) Identifique a bacia hidrográfica representada no mapa a seguir.

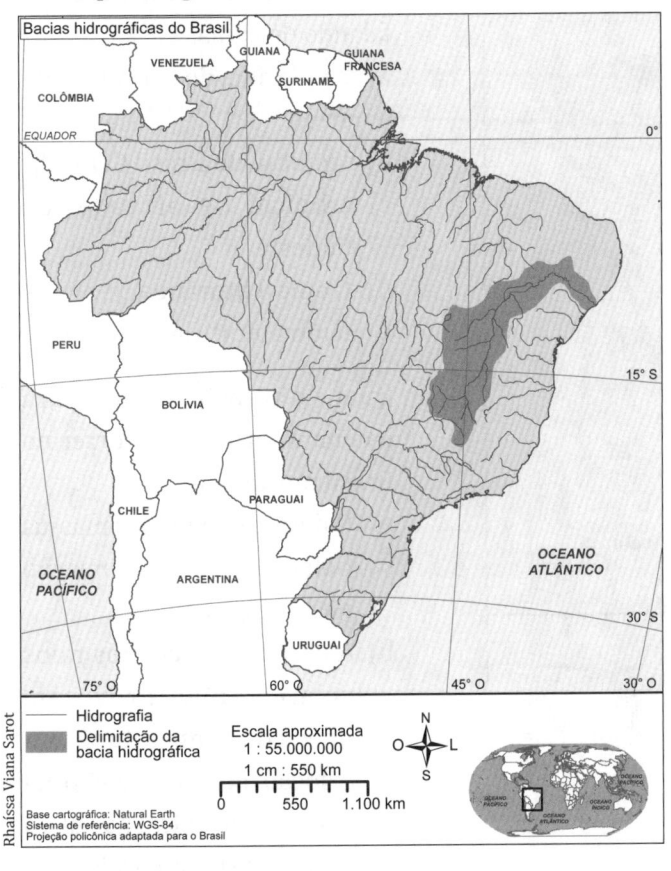

Fonte: Hidrografia..., 2013.

a) Tocantins-Araguaia.
b) São Francisco.
c) Amazônica.
d) Uruguai.
e) Paraná.

2) A respeito da hidrografia brasileira, assinale a alternativa que julgar **incorreta**:
a) Os rios apresentam, em sua maioria, grande volume de água e são considerados caudalosos.
b) Todas as bacias brasileiras lançam suas águas no Oceano Atlântico.
c) Os rios são, em sua maioria, perenes, mas, no Nordeste, encontramos cursos temporários.
d) Uma característica da hidrografia brasileira é o grande número de lagos e lagoas.
e) As chuvas são a principal fonte de abastecimento do sistema pluvial brasileiro.

3) Um exemplo de rio que compõe uma bacia secundária é:
a) o Rio Iguaçu, no Paraná.
b) o Rio Paraguai, em Mato Grosso.
c) o Rio Paraíba do Sul, no Sudeste.
d) o Rio Tocantins, no Pará.
e) o Rio Tietê, em São Paulo.

4) Observe a imagem a seguir e assinale a alternativa que corresponde à massa de ar representada.

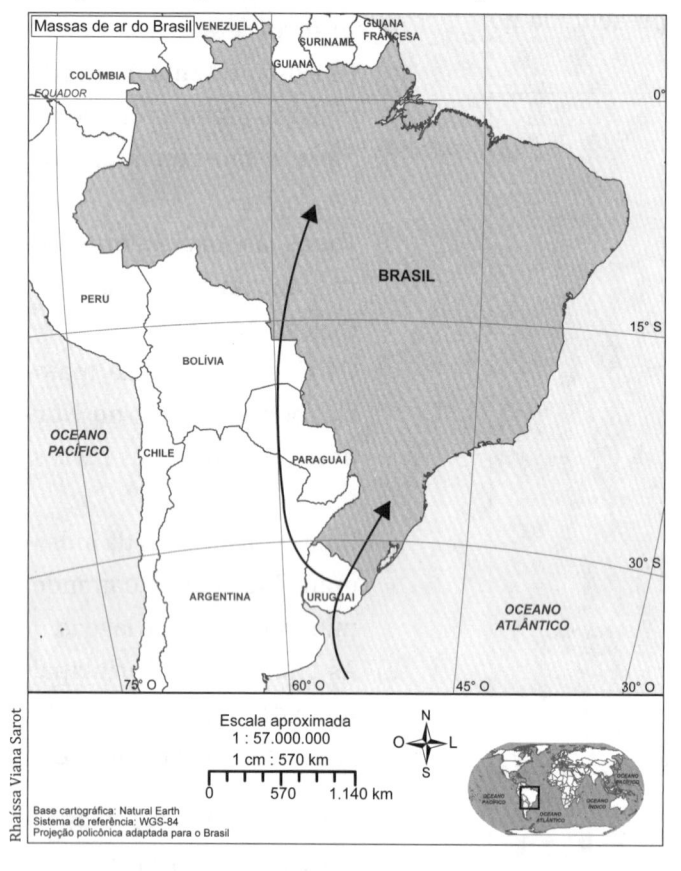

Fonte: Clima..., 2017.

a) Trata-se da mTa, que atua no verão.
b) É a mEc, causadora das chuvas de verão.
c) Sua origem e extensão permitem que a identifiquemos como mTc.
d) Em virtude de sua influência no clima do litoral nordestino, trata-se da mEa.
e) É possível identificá-la como mPa, uma vez que se origina no sul da América do Sul.

5) Tem temperaturas que não ficam abaixo de 28 °C, além de a precipitação ser baixa e mal distribuída geograficamente. Estamos falando do clima:
a) semiárido, do sertão nordestino.
b) tropical, do Brasil Central.
c) tropical de altitude, do Sudeste.
d) tropical litorâneo.
e) subtropical, da Região Sul.

6) Qual é a principal causa para o clima subtropical ocorrer no Brasil meridional?
a) O deslocamento das massas polares durante o inverno nessa região do país.
b) A alta incidência dos raios solares, que provocam queda de temperatura.
c) A localização da região na zona extratropical ao sul do Trópico de Capricórnio.
d) Os planaltos elevados, que provocam queda na temperatura no verão e no inverno.
e) A chegada de massas equatoriais durante o verão, provocando chuvas torrenciais.

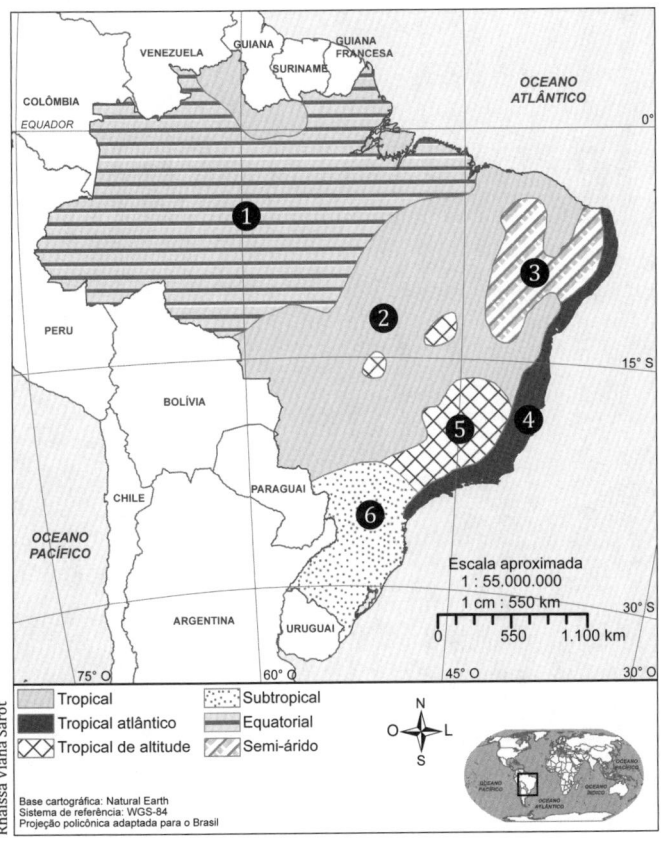

7) Aponte as características do clima identificado pelo número 1 no mapa a seguir.

Fonte: Brasil..., 2017.

a) Chuvas bem distribuídas e temperaturas acima de 20 ºC.
b) Baixa pluviosidade e temperaturas abaixo de 20 ºC.
c) Estações do ano bem marcadas e temperaturas amenas.
d) Alta pluviosidade e temperaturas acima de 25 ºC.

8) Vegetação formada por gramíneas cujo principal representante é a Campanha Gaúcha:
a) Cerrado.
b) Mata Atlântica.
c) Mata de Araucária.
d) Caatinga.
e) Campos.

9) Qual é o nome da vegetação da fotografia a seguir?

a) Floresta ombrófila densa.
b) Floresta ombrófila densa de encosta.
c) Floresta ombrófila mista.
d) Floresta latifoliada subtropical
e) *Hyloea brasiliensis*.

10) Cerrado e Caatinga apresentam uma característica em comum. Identifique-a nas alternativas a seguir:
a) Caráter xerófito.
b) Perenifólia.
c) Caráter hidrófilo.
d) Vegetação acicufoliada.
e) Vegetação latifoliada.

capítulo seis

Muitas vezes, escutamos que parte da pobreza e da miséria em nosso país é causada pelo fato de as famílias de baixa renda serem numerosas e terem muitos filhos. A realidade, porém, é que vivemos um processo de envelhecimento da população, com queda significativa do número de filhos por mulher em idade fértil.

6.1 Divisão política

O Brasil é uma **república federativa** com sistema **presidencialista** e **bicameral**, ou seja, tem um Senado e uma Câmara dos Deputados. É formado por 26 estados e um Distrito Federal, sendo os municípios as menores unidades administrativas.

O Instituto Brasileiro de Geografia e Estatística (IBGE) divide o país em cinco macrorregiões: Norte, Nordeste, Centro-Oeste, Sudeste e Sul.

6.2 População

É importante saber que a **demografia**, ramo da geografia que estuda o comportamento e a dinâmica da população, é baseada em dados numéricos e estatísticos. O primeiro dado importante sobre esse assunto é a **população absoluta**, ou número total de habitantes, levantada por um **recenseamento** – também conhecido como *censo* – a cada dez anos. No Brasil, os censos são feitos pelo IBGE; o último, realizado em 2010, aponta que estamos com 190.732.694 habitantes. Quando cruzamos esse dado com a área total do país, de 8.515.767,049 km², temos a **população relativa** de 22,39 habitantes/km².

O Brasil é o quinto país mais populoso da Terra, atrás somente da China, da Índia, dos Estados Unidos e da Indonésia, porém é pouco povoado – na verdade, nossa população é mal distribuída. Grande parte mora em metrópoles próximas ao litoral, ficando o interior pouco habitado e formando o que chamamos de **vazio demográfico**, como é o caso da Região Amazônica.

6.2.1 Composição e formação da população

A população brasileira é altamente miscigenada, contudo, no vocabulário e nos costumes, é possível identificar três matrizes principais. A primeira é representada pelos **indígenas**, povos que já estavam estabelecidos no país quando os europeus chegaram no século XVI, esses povos contribuíram muito para a toponímia brasileira, ou seja, para o nome próprio dos lugares, como Rio Iguaçu, que significa "rio caudaloso" (Machado, citado por Foz do Iguaçu, 2017), ou Curitiba, que em tupi quer dizer "grande quantidade de pinheiros, pinheiral" (Curitiba, 2017). A segunda, a matriz **europeia**, representada pelos portugueses, garantiu a integridade territorial e a língua nacional. Foi ela também a responsável pela introdução da terceira parte da formação do nosso povo que é a matriz **africana**. Os africanos, foram escravizados no Brasil até 1889, quando foram libertados pela **Lei Áurea**, e contribuíram, com sua criatividade e força de trabalho, para a formação de conceitos e expressões culturais, como o samba, a culinária e o vocabulário.

Antes do fim do sistema escravocrata, a elite nacional deu início à imigração, com o objetivo de introduzir aos poucos o trabalho assalariado. Buscou atrair outros povos de origem europeia, como os italianos, os alemães, os japoneses e os poloneses, que se instalaram principalmente no sul do Brasil ou em cidades como Rio de Janeiro – capital do país na época – e São Paulo. Estima-se que, entre 1870 e 1934, ano em que foi estabelecido um sistema de cotas buscando controlar e reduzir a entrada de imigrantes estrangeiros no Brasil, tenham chegado ao Brasil mais de 5 milhões de imigrantes.

6.2.2 Crescimento e transição demográfica

Apesar de os imigrantes terem contribuído bastante para a diversificação econômica do país e a ocupação de regiões fronteiriças do Brasil, não foram eles os responsáveis pelo rápido crescimento populacional.

Esse fato, observado a partir da década de 1940, é fruto da **queda da mortalidade** causada pela adoção de políticas sanitárias e preventivas que se refletiram na elevação da perspectiva de vida da população e mantiveram as altas taxas de natalidade, que atingiam a média de seis filhos por casal. Logo, ocorreu um crescimento acelerado da população, fazendo com que saltássemos de pouco mais de 41 milhões de habitantes naquele ano para mais de 93 milhões em 1970.

Muito contribuiu também o fato de que grande parte da população era de origem rural, na qual famílias com grande número de filhos representavam vantagens como mão de obra barata para o agricultor. Contudo, nas cidades, a prole numerosa passava a ser um empecilho para a população, que se tornava cada vez mais assalariada e urbana, fruto do **êxodo rural**.

No fim de 1980 e começo de 1990, observou-se uma mudança na dinâmica populacional. Em virtude da nova realidade do país, causada pela **urbanização,** pela **industrialização** e pela mudança na organização familiar – maior **participação da mulher no mercado de trabalho** e uso de **métodos contraceptivos** –, a mortalidade permaneceu em queda e houve retração das taxas de natalidade e do crescimento populacional.

Atualmente, o Brasil está numa fase que os demógrafos chamam de *transição demográfica*, com forte tendência ao aumento do número de adultos e idosos, bem diferente do período anterior, de **crescimento**, quando tínhamos uma população "jovem".

[i] *As pirâmides etárias são gráficos que resumem a dinâmica populacional de um país.*

Gráfico 6.1 – Pirâmides etárias[i] do Brasil em 1970 e 2005

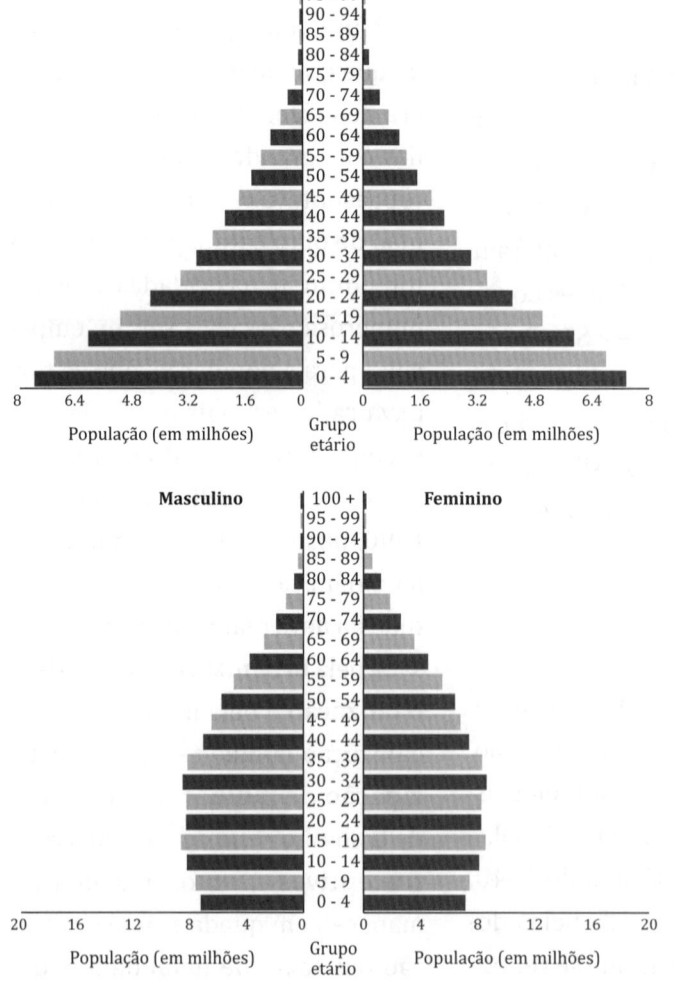

Fonte: U. S. Census Bureau, 2017a; 2017b.

6.3 Urbanização

Identificado como o aumento da população urbana em relação à rural, o processo de **urbanização** ocorreu no Brasil principalmente entre os anos de 1940 e 1980, quando estiveram em curso importantes transformações sociais e econômicas. Nessa época, houve grandes esforços no processo de industrialização, que, além de matéria-prima e energia, demandava mão de obra barata nas fábricas e na construção civil, responsáveis pela formação da **infraestrutura nacional**, como estradas, represas, portos e linhas de transmissão elétrica.

Essa força de trabalho se encontrava no meio rural e precisava ser estimulada a transferir-se para as cidades. A regularização da atividade assalariada urbana com a promulgação da **Consolidação das Leis do Trabalho (CLT)** – por meio do Decreto-Lei n. 5.452, de 1º de maio de 1943 (Brasil, 1943) – e a modernização da agricultura com a introdução de novos sistemas produtivos mecanizados, que dispensavam a mão de obra no campo, atraíram para as cidades um grande número de pessoas. Esse movimento populacional do campo para a cidade é chamado de *êxodo rural*. A fixação dos migrantes nas periferias das cidades, com infraestrutura precária de transporte, saneamento e segurança, formou os **bolsões de pobreza**, popularmente chamados de *favelas*.

Figura 6.1 – Favela da Rocinha e as contradições da rápida urbanização

Donatas Dabravolskas/Shutterstock

Diante desse quadro, o Governo Federal aprovou a Lei Complementar n. 14, de 8 de junho de 1973 (Brasil, 1973), que instituiu as nove principais **regiões metropolitanas** do Brasil, as quais, no ano de 2008, concentravam 30% da população nacional (cerca de 56,3 milhões de pessoas), segundo o IBGE (2017a). São elas: Belém, Belo Horizonte, Curitiba, Fortaleza, Porto Alegre, Recife, Rio de Janeiro, Salvador e São Paulo. De acordo com o art. 25 da Constituição Federal de 1988 (Brasil, 1988), os estados da Federação podem, por lei complementar, criar e ampliar suas regiões metropolitanas.

Atualmente, a taxa de urbanização brasileira é de 85,36%, com 15,65% da população ainda residindo no meio rural (IBGE, 2017b). Observa-se uma redução do ritmo de crescimento de metrópoles como São Paulo e Rio de Janeiro, mas um aumento do número de cidades de médio porte (entre 100 mil e 500 mil habitantes) no interior do país em razão do avanço do agronegócio.

Tabela 6.1 – Aglomerados urbanos mais populosos do Brasil

Regiões Metropolitanas 2010	Estado	População 2000	Posição em 2000	População 2010	Posição em 2010
São Paulo	SP	17.878.703	1	19.672.582	1
Rio de Janeiro	RJ	10.792.518	2	11.711.233	2
Belo Horizonte	MG	4.819.288	3	5.413.627	3
Porto Alegre	RS	3.718.778	4	3.960.068	4
Recife	PE	3.337.565	5	3.688.428	5
Fortaleza	CE	3.056.769	7	3.610.379	6
Salvador	BA	3.120.303	6	3.574.804	7
Curitiba	PR	2.768.394	8	3.168.980	8
Campinas	SP	2.338.148	9	2.798.477	9
Manaus	AM	1.725.536	12	2.210.825	10
Goiânia	GO	1.743.297	11	2.173.006	11
Belém	PA	1.795.536	10	2.040.843	12
Grande Vitória	ES	1.438.596	14	1.685.384	13
Baixada Santista	SP	1.476.820	13	1.663.082	14
Natal	RN	1.116.147	15	1.340.115	15
Grande São Luís	MA	1.091.979	16	1.327.881	16
João Pessoa	PB	1.019.646	17	1.198.675	17
Maceió	AL	989.182	18	1.156.278	18
Norte/Nordeste Catarinense	SC	906.982	19	1.094.570	19
Florianópolis	SC	816.315	20	1.012.831	20
Aracaju	SE	675.667	23	835.654	21
Vale do Rio Cuiabá	MT	726.220	21	834.060	22
Londrina	PR	678.032	22	764.258	23
Vale do Itajaí	SC	558.165	26	689.909	24
Campina Grande	PB	636.315	24	687.135	25
Vale do Aço	MG	563.073	25	615.004	26
Maringá	PR	517.490	28	612.617	27
Agreste	AL	556.602	27	601.251	28
Cariri	CE	497.782	29	564.557	29
Carbonífera	SC	484.916	30	550.243	30
Foz do Rio Itajaí	SC	375.589	31	532.830	31
Macapá	AP	363.747	32	499.116	32
Chapecó	SC	353.765	33	403.458	33
Tubarão	SC	324.591	36	356.790	34
Lages	SC	348.835	34	350.607	35
Sudoeste Maranhense	MA	325.229	35	345.878	36

Fonte: IBGE, citado por Confira..., 2010.

Exercícios

1) Assinale a alternativa que melhor explica a afirmação de que o Brasil é um país populoso, porém pouco povoado.
   a) Há no país uma pequena população absoluta, mas uma grande população relativa.
   b) As populações absoluta e relativa são elevadas.
   c) Tanto a população absoluta quanto a relativa têm valores pouco expressivos.
   d) A população relativa é baixa, mas a absoluta é elevada.
   e) Indica um pequeno crescimento populacional.

2) Entre os países com maior população, qual é a posição ocupada pelo Brasil?
   a) Primeira posição.
   b) Quinta posição.
   c) Segunda posição.
   d) Oitava posição.
   e) Quarta posição.

3) O crescimento acelerado da população brasileira entre 1940 e 1980 foi causado por:
   a) queda na taxa de mortalidade.
   b) aumento da imigração.
   c) crescimento das cidades.
   d) diminuição do número de filhos por casal.
   e) aumento da natalidade.

4) Observe a figura a seguir e assinale a alternativa que indica o que ela representa.

   a) Deslocamento das cidades para o campo.
   b) Luta por melhores condições de trabalho nas indústrias.
   c) Movimento populacional conhecido como êxodo rural, migração do campo para a cidade.
   d) Alto crescimento populacional no qual a mulher espera um terceiro filho.
   e) Aumento de agricultores no Nordeste do Brasil.

5) Único grupo humano trazido ao Brasil com uso de força e coerção foram os:
   a) alemães.
   b) africanos.
   c) indígenas.
   d) japoneses.
   e) italianos.

6) Importante contribuição da matriz portuguesa à sociedade brasileira:
   a) Topônimos de serras e rios.
   b) Trabalho assalariado.
   c) Industrialização.
   d) Samba.
   e) Língua portuguesa.

7) Observe a pirâmide etária a seguir e assinale a alternativa correta:

Pirâmide etária do Brasil em 1970

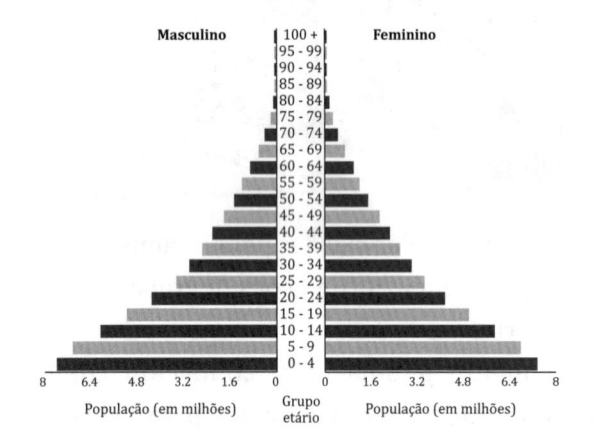

Fonte: U. S. Census Bureau, 2017a.

   a) Pirâmide de transição.
   b) Pirâmide de recuo.
   c) Pirâmide de crescimento.
   d) Pirâmide de avanço.
   e) Pirâmide de declínio.

8) A urbanização pode ser definida como:
   a) aumento das regiões metropolitanas causado pelo crescimento vertical das cidades.
   b) processo de deslocamento do homem do campo para a cidade.
   c) recuo da participação da população urbana na população absoluta.
   d) aumento da população urbana em relação à população rural.
   e) formação de periferias dominadas por condomínios fechados.

9) Fenômeno urbano caracterizado pelo crescimento horizontal das cidades, formando uma imensa mancha urbana:
   a) Conurbação.
   b) Urbanização.
   c) Verticalização.
   d) Favelização.
   e) Solidificação.

10) Segundo dados de 2010 do IBGE, é considerada a maior aglomeração urbana do Brasil, com 19.672.582 habitantes, a cidade de:
    a) São Paulo.
    b) Recife.
    c) Porto Alegre.
    d) Curitiba.
    e) Fortaleza.

capítulo sete

Desde 2010, quando ultrapassou o Canadá, o Brasil é o terceiro maior exportador de produtos agrícolas, ficando atrás somente dos Estados Unidos e da União Europeia. Muito desse avanço se deve à integração da agricultura com importantes setores da indústria, conferindo àquele setor alta produtividade e competitividade.

7.1 Agricultura

Antes de falarmos a respeito de como esse setor da economia se desenvolveu, é preciso entender o papel por ele desempenhado no Brasil contemporâneo. Hoje, a agricultura é vital para as exportações, principalmente no **equilíbrio da balança comercial**. Apesar de termos um grande parque industrial, a produção agrícola do país é voltada ao mercado interno. Além disso, nossas maiores exportações nesse setor são de bens com baixo valor agregado, muitas vezes pré-industrializados – incluindo os produtos agrícolas.

Tabela 7.1 – Participação de produtos exportados na balança comercial do Brasil

Produtos exportados pelo Brasil	% do valor
Minério de ferro, ferro fundido e aço	9,7
Soja e derivados	6,9
Automóveis	3,7
Óleos brutos de petróleo	3,5
Carne de frango	2,8
Aviões	2,7
Transmissores/receptores	2,3
Café cru em grão	2,1
Carne bovina	2,0
Açúcar de cana bruto	2,0

Temos destaque na produção de **café**, **cana-de-açúcar**, **tabaco**, **laranja** e derivados desses produtos, como açúcar refinado, etanol, cigarros e suco de laranja – dos quais somos líderes mundiais em produção, junto com as **carnes bovina e de frango**, em diferentes cortes. Na soja e no milho, temos a vice-liderança, e estamos em quarto lugar na produção de carne suína. Nossos maiores compradores são União Europeia, China, Estados Unidos, Rússia e Japão.

Figura 7.1 – Produção de soja

Figura 7.2 – Unidade de produção avícola

7.1.1 Agricultura comercial e familiar

A produção dos itens anteriormente citados é feita no sistema de agricultura comercial, também conhecido como **agronegócio**. Nesse sistema, é vital o uso de máquinas e insumos como fertilizantes, defensivos e óleo diesel, além do recurso de linhas de crédito que facilitam a aquisição desses produtos. O objetivo é aumentar a produtividade sem necessariamente ampliar a área de plantio, visando em todo o processo a um alto **retorno financeiro**. Há uma forte **dependência** do agricultor em relação à indústria. Em primeiro lugar, no fornecimento da tecnologia necessária, representada por tratores, colheitadeiras e insumos, e, em segundo lugar, no beneficiamento da produção, realizado pela indústria alimentícia, que abastece o mercado interno ou externo. Grande parte dos agricultores que praticam esse sistema está organizada em cooperativas que auxiliam na comercialização e na silagem, como a Coamo Agroindustrial Cooperativa (Coamo, 2016), de Campo Mourão, Paraná, responsável por 3,5% dos grãos colhidos no Brasil.

Figura 7.3 – Agricultura familiar

A agricultura responsável pelo abastecimento interno, ou seja, pelos produtos consumidos em nosso cotidiano, é realizada no sistema de agricultura familiar. Nesse processo, a agricultura conta com a força de trabalho da família e, esporadicamente, de empregados contratados, sendo bastante comuns os mutirões. Como os recursos técnicos e materiais são limitados, a produtividade não é alta, contando com rendimentos baixos, que não garantem a subsistência das famílias, em muitos casos.

Os produtores familiares são, algumas vezes, meeiros, ou seja, têm de dividir os lucros com arrendatários, o que reduz ainda mais seus ganhos.

Gráfico 7.1 – Comparação entre a agricultura familiar e o agronegócio

Agricultura familiar

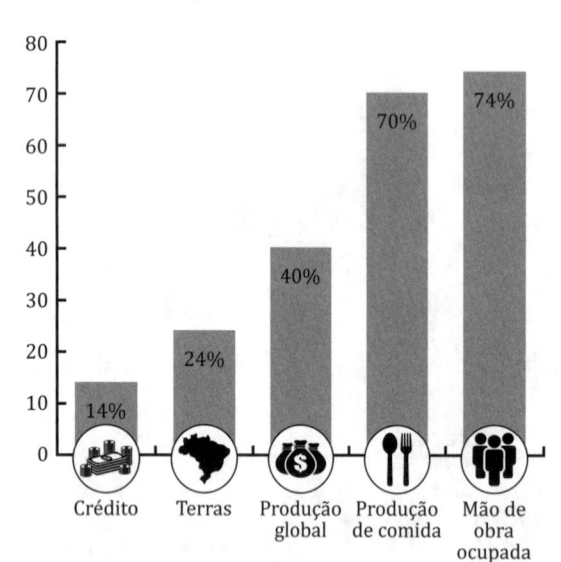

- Crédito: 14%
- Terras: 24%
- Produção global: 40%
- Produção de comida: 70%
- Mão de obra ocupada: 74%

Agronegócio

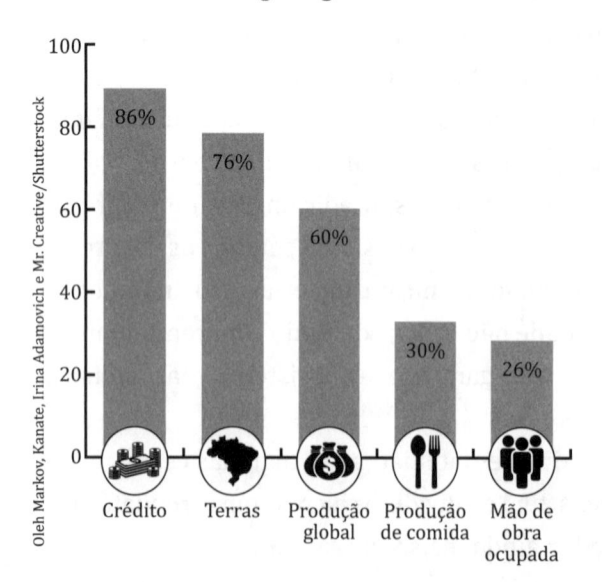

- Crédito: 86%
- Terras: 76%
- Produção global: 60%
- Produção de comida: 30%
- Mão de obra ocupada: 26%

Fonte: Estudo..., 2014.

O Governo Federal, por meio do Programa Nacional de Fortalecimento da Agricultura Familiar – Pronaf (BNDES, 2017), da Secretaria Especial de Agricultura Familiar e do Desenvolvimento Agrário, tem financiado agricultores com renda anual de até R$ 20.000,00 e que são beneficiados pela reforma agrária na estruturação de suas atividades. Com isso, pretende-se garantir a segurança alimentar do país, ou seja, manter equilibrados os estoques de alimentos.

7.1.2 Estrutura fundiária e reforma agrária

Um dos grandes problemas da agricultura nacional é a **alta concentração fundiária**. Segundo o Departamento Intersindical de Estatística e Estudos Socioeconômicos (Dieese, 2016), 0,8% dos imóveis rurais em 2009 representava 42% da área agricultável (cerca de 242,7 milhões de hectares), grande parte formada por latifúndios improdutivos.

As raízes desse problema são antigas e remontam ao período do Brasil Colônia, quando o rei de Portugal passou a distribuir grandes porções de terras, as **sesmarias**, como estímulo a uma ocupação efetiva de um território tão grande. Com a introdução da cana-de-açúcar e o trabalho escravo, foi viabilizada a exploração econômica da agricultura no Brasil. Nascia, assim, o **latifúndio**, que viria a receber um reforço legal para sua existência com a **Lei de Terras** (Brasil, 1850).

O início de uma mudança surgiu com a crise econômica mundial de 1929 e a Revolução de 1930. Com esses acontecimentos, buscou-se modernizar o país combatendo-se as **velhas oligarquias rurais**. A prioridade da agricultura passou a ser o abastecimento interno de gêneros alimentícios de primeira necessidade para uma crescente população urbana envolvida nos esforços da rápida industrialização vivida pelo país até a década de 1970.

Tabela 7.2 – Estrutura fundiária do Brasil em 2009

Estratos de área total (ha)	Imóveis		Área total		Área média (ha)
	Nº de imóveis	Em %	Em ha	Em %	
Até 10	1.744.540	33,7	8.215.337	1,4	4,7
De 10 a 25	1.316.237	25,4	21.345.232	3,7	16,2
De 25 a 50	814.138	15,7	28.563.707	5,0	35,1
De 50 a 100	578.783	11,2	40.096.597	7,0	69,3
De 100 a 500	563.346	10,9	116.156.530	20,3	206,2
De 500 a 1.000	85.305	1,6	59.299.370	10,4	695,1
De 1.000 a 2.000	40.046	0,8	55.269.002	9,7	1.380,1
Mais de 2.000	39.250	0,8	242.795.145	42,5	6.185,9
Total	5.181.645	100,0	571.740.919	100,00	110,3

Fonte: Incra, citado por Dieese, 2011, p. 30.

Nesse contexto, o latifúndio deixou de ser interessante e seus proprietários perderam força econômica e política. Isso permitiu que, nas décadas de 1950 e 1960, surgissem as **ligas camponesas** reivindicando a reforma agrária.

O regime militar de 1964 não impediu a promulgação da Lei n. 4.504, de 30 de novembro de 1964 (Brasil, 1964), conhecida como *Estatuto da Terra*, que regulamentou a reforma agrária e criou o Instituto Nacional de Colonização e Reforma Agrária (Incra). Somente em 1985, no governo de José Sarney, deu-se início a uma reestruturação fundiária no país, a qual ainda avança a passos muito lentos, apesar das pressões exercidas por organismos como o **Movimento dos Trabalhadores Rurais sem Terra (MST)**.

7.2 Industrialização

O processo de industrialização do Brasil é considerado tardio e incompleto.

[i] *Hoje conhecida somente como Vale.*

Tardio porque, enquanto países como os Estados Unidos e a França se encontravam na Segunda Revolução Industrial, o Brasil ainda estava montando uma indústria de base para, então, receber a indústria de bens de consumo na década de 1950.

Incompleto pelo fato de alguns setores da indústria inexistirem ou serem pouco estimulados, como o de máquinas e de componentes eletrônicos. Acrescenta-se a isso tudo a **dependência externa** em relação a investimentos e tecnologia no setor.

Mesmo assim, temos um parque industrial expressivo que fornece bens manufaturados para o mercado interno e apresenta competitividade em setores como da aviação, com destaque para a Embraer, e do aço, no qual grupos como a Gerdau contam com grande vantagem concorrencial externa.

A base da indústria foi garantida nos dois governos de **Getulio Vargas** (1882-1954), quando foi formado o Banco Nacional de Desenvolvimento Econômico e Social (BNDES), órgão que financiou algumas importantes ações, a exemplo da criação da Companhia Siderúrgica Nacional (CSN), da mineradora Companhia Vale do Rio Doce – CVRD[i] e da Petróleo Brasileiro S.A. (Petrobras).

Figura 7.4 – Getulio Vargas na Refinaria Mataripe (Petrobras), 1952

Figura 7.5 – Juscelino Kubitschek na inauguração da Volkswagen, São Bernardo do Campo, 1959

O sucessor de Vargas, **Juscelino Kubitschek (JK)**, com o lema **"cinquenta anos em cinco"**, incentivou o desenvolvimento do setor elétrico e de transportes. Com isso, permitiu a instalação de multinacionais, em particular no setor automobilístico, acelerando a industrialização e a transformação da sociedade brasileira.

Com os militares no poder a partir de 1964, assistimos ao aprofundamento do modelo conhecido como ***substituição de importados***, priorizando empresas e produtos nacionais e promovendo uma série de investimentos em infraestrutura. É nesse período que a Transamazônica, a Itaipu e a ponte Rio-Niterói foram construídas, o que ficou conhecido como **"milagre econômico brasileiro"** (1967-1973) (Adas, 2004).

O endividamento externo e a inflação alta, heranças do regime militar, fizeram com que os anos 1980 ficassem marcados como a **década perdida**.

O quadro mudou com o **Plano Real** e a eleição de Fernando Henrique Cardoso (FHC), em 1994, que manteve abertura econômica iniciada pelo presidente afastado Fernando Collor de Mello, mas com controle da inflação. Contudo, a entrada de importados fez com que algumas indústrias desaparecessem ou fossem encampadas por multinacionais. A grande marca do governo FHC foram as privatizações do sistema Embratel, da CSN e da CVRD, justificadas pela necessidade da redução de gastos do Governo Federal.

Exercícios

1) A agricultura brasileira é a terceira maior produtora e exportadora de alimentos, com destaque para:
   a) trigo, soja e algodão, dos quais é líder mundial de produtividade.
   b) maçã, cana-de-açúcar e café, produzidos em sistema de agricultura familiar.
   c) uva, para a produção de vinhos finos e suco, exportados para os Estados Unidos.
   d) café, cana-de-açúcar, tabaco e laranja, dos quais detemos a liderança mundial de produção.
   e) cevada, trigo, milho e soja, dos quais somos vice-líderes em produção e produtividade.

2) Os principais compradores dos bens agrícolas brasileiros e de seus derivados são:
   a) China, União Europeia e Mercosul, nessa ordem.
   b) Estados Unidos, China e União Europeia, em ordem crescente.
   c) Argentina, Japão e Rússia, nessa ordem.
   d) Japão, Estados Unidos, China e União Europeia, em ordem decrescente.
   e) Rússia, União Europeia e Estados Unidos, nessa ordem.

3) Assinale a alternativa que contém a principal função do agronegócio para a economia do Brasil na atualidade:
   a) Manter a população rural no campo por meio da ampliação de postos de trabalho.
   b) Equilibrar a estrutura fundiária evitando os conflitos pela posse da terra.
   c) Garantir divisas na forma de dólares com a exportação de grãos, carne e derivados.
   d) Abastecer o mercado interno garantindo o que os técnicos da área chamam de *segurança alimentar*.
   e) Fazer com que a indústria nacional de tratores e implementos se torne líder mundial.

4) Qual programa do Governo Federal busca estimular e apoiar a agricultura familiar?
   a) Programa de Estímulo à Reestruturação e ao Fortalecimento do Sistema Nacional (Proer).
   b) Crédito Rural, do Banco do Brasil.
   c) Fundo de Amparo ao Trabalhador (FAT).
   d) Programa Universidade para Todos (Prouni).
   e) Programa Nacional de Fortalecimento da Agricultura Familiar (Pronaf).

5) Atualmente, a agricultura familiar é importante para:
   a) garantir o abastecimento interno e a segurança alimentar do Brasil.
   b) diversificar as exportações brasileiras do setor agrícola.
   c) produzir fontes alternativas de energia como o etanol, da cana-de-açúcar.
   d) fornecer mão de obra barata para o agronegócio.
   e) sustentar a indústria alimentícia nacional com o fornecimento de frutas como a laranja.

6) A respeito da reforma agrária, assinale a alternativa correta:
   a) É garantida pela Lei de Terras, de 1850, que reestruturou a agricultura nacional.
   b) Foi estimulada no Período Colonial com a distribuição de sesmarias.
   c) Teve início com a Lei n. 4.504/1964, conhecida como Estatuto da Terra.
   d) É desnecessária, pois o Brasil conta com uma estrutura fundiária equilibrada.
   e) É apoiada pelo agronegócio e sofre forte resistência por parte dos pequenos e médios proprietários, inviabilizando o principal setor produtivo do país.

7) Governo que iniciou o processo de industrialização do Brasil:
   a) Getúlio Vargas.
   b) Regime Militar.
   c) Washington Luiz.
   d) João Goulart.
   e) Fernando Henrique Cardoso.

8) Lema pelo qual a administração de Juscelino Kubitschek buscou incentivar o desenvolvimento econômico do Brasil entre 1955 e 1961:
   a) "Brasil, ame-o ou deixe-o".
   b) "Cinquenta anos em cinco".
   c) "Brasil para todos".
   d) "Este é um país que vai para a frente".
   e) "Privatização já!".

9) Período em que houve maior crescimento econômico registrado na história recente do Brasil:
   a) Era Lula, de 2006 a 2010.
   b) Milagre da privatização, de 1994 a 2002, no governo de FHC.
   c) Marcha para o desenvolvimento no governo JK.
   d) Milagre ecônomigo brasileiro, entre 1967 e 1973, durante o regime militar.
   e) O gigante acordou, no primeiro mandato de Getúlio Vargas, entre 1930 e 1945.

10) O modelo de desenvolvimento industrial do Brasil é conhecido como:
   a) plataforma de exportação.
   b) exportadora de *commodities*.
   c) indústria nacional.
   d) abertura a multinacionais
   e) substituição de importados.

capítulo ocho

A produção de bens por parte do homem se confunde com o processo civilizatório. No passado, o desenvolvimento da cerâmica e da metalurgia indicava o nível de organização de uma comunidade. Hoje não é diferente, pois classificamos as nações do mundo de acordo com sua capacidade de produção industrial.

8.1 Revolução Industrial

A Revolução Industrial marca, historicamente, o início da adoção das máquinas no esforço de produção de mercadorias, que, até a metade do século XVIII, era realizada no sistema manufatureiro. No instante em que a máquina a vapor de James Watt (1750) foi integrada a um sistema de teares, iniciou-se a **Primeira Revolução Industrial**, marcada pela expansão da indústria têxtil, da cerâmica e da metalurgia.

As novas fábricas passaram a ser instaladas próximas às minas de carvão mineral, a principal matriz energética desse período, formando grandes aglomerações fabris e urbanas para onde se dirigiu um exército de trabalhadores expulsos do campo com a formação dos latifúndios. Duas novas classes sociais se formaram nesse período: o **proletariado**, composto dos operários das fábricas e mineiros, e os **empresários**, formados por donos de bancos e fábricas.

A Inglaterra foi a principal potência econômica nessa época, na qual as ferrovias e os navios a vapor intensificaram as trocas comerciais em escala planetária, reduzindo o tempo de viagem e fazendo com que regiões consideradas distantes no passado se tornassem mais próximas.

Figura 8.1 – Tecelagem do século XIX

Figura 8.2 – Locomotiva do século XIX

À medida que o século XIX foi avançando, novas invenções deram sustentação a uma **Segunda Revolução Industrial**, marcada pelo surgimento do motor de explosão e da energia elétrica, que possibilitaram a formação de novas indústrias de bens de consumo, como a automobilística e a elétrica.

Com o sistema **fordista** de produção, criou-se uma grande economia de mercado com a popularização de bens industrializados cujo acesso foi facilitado pela diminuição dos custos de produção e pela ampliação do número de consumidores.

Essa fase dominou grande parte do século XX, tendo os Estados Unidos como a principal potência industrial e econômica.

No final do século XX, a introdução de tecnologias advindas da corrida espacial dos anos 1950 e 1960, como a informática, a telemática e a robótica, possibilitaram a ocorrência da **Terceira Revolução Industrial**, na qual a automação e a globalização das tarefas produtivas ganharam nova dimensão com a introdução do sistema Toyota de produção. A hegemonia norte-americana foi ameaçada por novos parceiros, a exemplo de Alemanha e Japão, além da ascensão da China, importante base industrial mundial.

8.2 Setores da economia

A economia de um país, de um estado ou de uma cidade é dividida em três setores: **primário**, **secundário** e **terciário**. O primário é aquele setor dedicado a atividades agropecuárias e extrativistas. No outro extremo, no terciário, há um conjunto grande de atividades das quais se destacam comércio e serviços. Entre esses dois setores, está o secundário, no qual se encontra a indústria, que transforma a matéria-prima em bens materiais úteis ao homem.

8.3 Tipos de indústria

Classificamos as indústrias com base no **destino de sua produção**. A indústria que transforma a matéria-prima em um primeiro bem industrializado para as demais indústrias, como a siderúrgica e a petroquímica, é designada como **indústria de bens de produção**. Já a que fornece equipamentos e componentes, como as fábricas de autopeças, é conhecida como *indústria de bens de capital*. O produto acabado destinado ao mercado é produzido pela **indústria de bens de consumo**, que pode ser de **bens duráveis**, como carros e eletrodomésticos, **semiduráveis**, no caso de roupas e calçados, ou **não duráveis**, como bebidas e alimentos.

Figura 8.3 – Indústria siderúrgica

Figura 8.4 – Indústria automobilística

A forma como a **tecnologia** é empregada também pode ser um importante critério de classificação das indústrias. Nesse caso, temos as **indústrias tradicionais**, caracterizadas pelo intenso uso de mão de obra e matéria-prima, das quais a indústria têxtil é um exemplo. Quando há adoção de novas tecnologias com muito capital envolvido, a indústria é tida como **dinâmica**, sendo esse o caso da indústria aeroespacial.

O uso de **energia** e de **matéria-prima** pode também ajudar na classificação das indústrias. Caso necessite muito desses dois itens, a indústria é considerada **pesada**; caso contrário, é tida como **leve**. Na verdade, uma indústria pode estar em diferentes categorias. Por exemplo, a indústria automobilística é considerada de bens de consumo duráveis, tradicional e leve, ao contrário de uma fábrica de cimento, que é de bens de produção, tradicional e pesada.

8.4 Fatores locacionais

A atividade industrial obedece a uma lógica de instalação que usa critérios mutáveis do ponto de vista temporal e espacial, ou seja, se, em um passado recente, determinado lugar apresentava condições ideais para a implantação de uma indústria, isso não significa que, na atualidade, eles permaneçam vantajosos. Um exemplo é a cidade de Detroit, nos Estados Unidos, considerada até pouco tempo a capital do automóvel, mas que decretou falência em 2013, acumulando US$ 15 bilhões em dívidas com a transferência das linhas de produção da Ford, da General Motors e da Chrysler para o norte do México, onde os custos de montagem dos carros são mais baixos. Esse fenômeno, verificado principalmente nos países desenvolvidos, é conhecido como *desindustrialização*.

Figura 8.5 – Instalações industriais e residenciais abandonadas

Tradicionalmente, a proximidade das fontes de matéria-prima seria uma das determinantes na escolha de um local para a montagem de uma fábrica, mas, atualmente, outras variáveis são levadas em consideração.

A infraestrutura, representada por linhas de transmissão de energia elétrica, de internet e de telefonia, por rodovias, ferrovias, hidrovias, portos e aeroportos, é, na economia globalizada, um elemento fundamental para a sobrevivência da atividade industrial em um país. Fontes de financiamento para a produção industrial, desoneração da carga tributária e relações de trabalho mais flexíveis são vantagens que muitas empresas e grupos transnacionais levam em consideração na escolha de locais adequados para a implantação de suas plantas fabris. Essas condições ideais estão presentes, hoje, no Extremo Oriente, em países como Singapura, Coreia do Sul e China.

Figura 8.6 – Porto de Singapura: um dos mais movimentados e modernos do mundo

8.5 Indústria no mundo

A revolução tecnocientífica informacional que vivemos tem reestruturado e reorganizado a distribuição da indústria no mundo. O caso de Detroit, citado anteriormente, não é isolado nem o único entre os países desenvolvidos que buscam destacar-se não mais na produção, mas no desenvolvimento de bens industrializados com o uso de tecnologia, repassando aos países menos desenvolvidos as etapas de montagem e acabamento.

Nos chamados **países centrais**, como Estados Unidos e Japão, desenvolveram-se os tecnopolos, como o Vale do Silício, no subúrbio de São Francisco, e Tsukuba, na costa ocidental japonesa. Nesses locais, ocorre a associação de grandes grupos empresariais do setor de informática, da robótica, da telemática e das demais áreas do conhecimento da Terceira Revolução Industrial com grandes universidades. Dessas parcerias, nascem novos produtos que, em questão de pouco tempo, estão em linhas de montagem localizadas em diferentes partes do globo.

No conjunto formado pelas nações consideradas de economia emergente, como China e Brasil (que, junto com Rússia, Índia e África do Sul, formam os Brics), ocorre a montagem ou parte da produção dos bens industrializados concebidos e desenvolvidos nos países centrais, que, além da tecnologia, enviam capital àqueles países. Por terem recursos naturais estratégicos e mão de obra em grande quantidade, a eles estão reservadas as etapas de produção que requerem mais energia e matéria-prima, como siderurgia, petroquímica e indústria têxtil.

Essa nova divisão internacional do trabalho (nova DIT) vem reordenando a distribuição da indústria mundial e fazendo ascenderem países que, no passado recente, eram eminentemente rurais, como a China e a Índia, além de causar em tradicionais exportadores de bens industrializados, como a Inglaterra e a Bélgica, o fenômeno da desindustrialização, com o surgimento de sociedades pós-industriais.

8.6 Indústria no Brasil

A indústria brasileira ainda permanece bastante concentrada na Região Sudeste. Contudo, nos últimos anos, observou-se um processo de desconcentração industrial estimulada pela "guerra fiscal" possibilitada pela Constituição Federal de 1988 (Brasil, 1988), pela qual os diferentes estados da Federação podem praticar uma política fiscal própria para tentar atrais novos investidores. Duas regiões se beneficiaram desse instrumento legal: o Nordeste, que passou a atrair diversas unidades de produção da indústria de bens de consumo não duráveis, como a têxtil e a de bebidas, e o Sul, que recebeu várias novas plantas industriais do setor automobilístico.

Exercícios

1) O setor secundário da economia de um país diz respeito às atividades:
   a) agrícolas, relacionadas à produção e ao abastecimento de alimentos básicos, como arroz e feijão.
   b) de transformação de matérias-primas em bens manufaturados e industrializados.
   c) extrativas, com a derrubada de grandes extensões de florestas, como a Amazônica.
   d) de comércio e serviços, como os grandes *shopping centers* e os correios, respectivamente.
   e) unicamente de mineração industrial, como a prospecção de petróleo realizada pela Petrobras.

2) A indústria que fornece equipamentos e peças para as demais indústrias é conhecida como:
   a) indústria de bens de produção.
   b) indústria de bens de consumo duráveis.
   c) indústria de bens de consumo não duráveis.
   d) indústria de bens de capital.
   e) indústria de transformação.

3) São exemplos de indústrias de bens de consumo duráveis:
   a) a alimentícia, a siderúrgica e a de equipamentos.
   b) a eletrônica, a de autopeças e a de laticínios.
   c) a automobilística, a de eletrodomésticos e a de eletroeletrônicos.
   d) a siderúrgica, a de mineração e a têxtil.
   e) a de carrocerias, a petroquímica e a de autopeças.

4) A respeito da Primeira Revolução Industrial, é **incorreto** afirmar que:
   a) houve o desenvolvimento do motor de explosão e, consequentemente, da indústria automobilística.
   b) com o advento da máquina a vapor, a produção industrial se intensificou.
   c) observou-se o surgimento de duas novas classes sociais antagônicas, o operariado, também chamado de proletariado, e a burguesia industrial.
   d) o desenvolvimento tecnológico possibilitou o surgimento de novas formas de transporte que diminuíram as distâncias e o tempo de percurso, como as ferrovias.
   e) observou-se a ascensão da Inglaterra como grande potência econômica e militar.

5) É o país considerado a grande potência da Segunda Revolução Industrial:
   a) Alemanha.
   b) França.
   c) Japão.
   d) Rússia.
   e) Estados Unidos.

6) São setores da indústria exclusivos da Terceira Revolução Industrial:
   a) Metalurgia, cerâmica e têxtil.
   b) Automobilístico, metalurgia e alimentício.
   c) Siderurgia, eletroeletrônico e robótico.
   d) Roupas, calçados e laticínios.
   e) Informática, telemático e robótico.

7) Assinale a alternativa cuja característica **não** diz respeito ao sistema fordista de produção:
   a) Intenso uso de informática e robótica na linha de montagem.
   b) Hierarquia rígida na empresa.
   c) Formação de linha de montagem com esteira.
   d) Defeitos nos produtos identificados no final da produção.
   e) Formação de grandes estoques de peças e produtos.

8) A instalação de uma indústria no espaço geográfico depende de fatores chamados de *locacionais*. No caso da instalação do complexo siderúrgico no Estado de Minas Gerais, o fator locacional determinante foi:
   a) a proximidade de mercado consumidor existente no Rio de Janeiro e em São Paulo.
   b) o financiamento garantidor dos bancos privados mineiros.
   c) a infraestrutura representada por portos, ferrovias e rodovias.
   d) o investimento estatal representado pela Companhia Vale do Rio Doce.
   e) a grande disponibilidade de matéria-prima do Quadrilátero Ferrífero de Minas Gerais.

9) Em relação à distribuição da indústria mundial, é correto afirmar:
   a) Verifica-se uma total transferência da indústria dos países ricos para os emergentes, como China, Brasil e Índia.
   b) Apesar da transferência de parte da indústria dos países centrais, estes permanecem no comando da produção industrial mundial.
   c) Os países desenvolvidos continuam sendo as únicas nações industrializadas do mundo, como Alemanha, França e Itália.

d) Há uma hegemonia da China na produção industrial mundial que lhe garante o comando das relações econômicas contemporâneas.
e) Assim como a Inglaterra foi superada industrialmente pelos Estados Unidos no início do século XX, observamos o mesmo fenômeno em relação aos Estados Unidos e à China no início do século XXI.

10) Assinale a alternativa que relaciona os cinco países de economia emergente que compõem o Brics:
    a) Estados Unidos, China, Brasil, Alemanha e Japão.
    b) Reino Unido, Canadá, África do Sul, Austrália e Nova Zelândia.
    c) Brasil, Indonésia, China, Índia e Estados Unidos.
    d) Brasil, Rússia, Índia, China e África do Sul.
    e) China, Estados Unidos, Japão, Alemanha e França.

Considerações finais

A geografia nos permite contemplar os espaços mais diversos. Com ela, aprendemos sobre os fenômenos naturais e humanos e o modo como eles influenciam o comportamento das pessoas e dos locais em que elas vivem.

Neste estudo, apresentamos, de maneira direta e sucinta, qual é o lugar do Brasil no mundo e qual é o lugar do mundo (nosso planeta Terra) no espaço.

Abordamos os aspectos físicos e humanos que fazem o Brasil ser um país ao mesmo tempo diversificado e singular, que contempla tanto as mazelas quanto as benesses da sociedade contemporânea.

Esperamos ter incutido em você, leitor, a curiosidade de buscar mais informações a respeito dos assuntos abordados, pois, na geografia, assim como no conhecimento em geral, ainda há muito espaço a ser explorado.

Referências

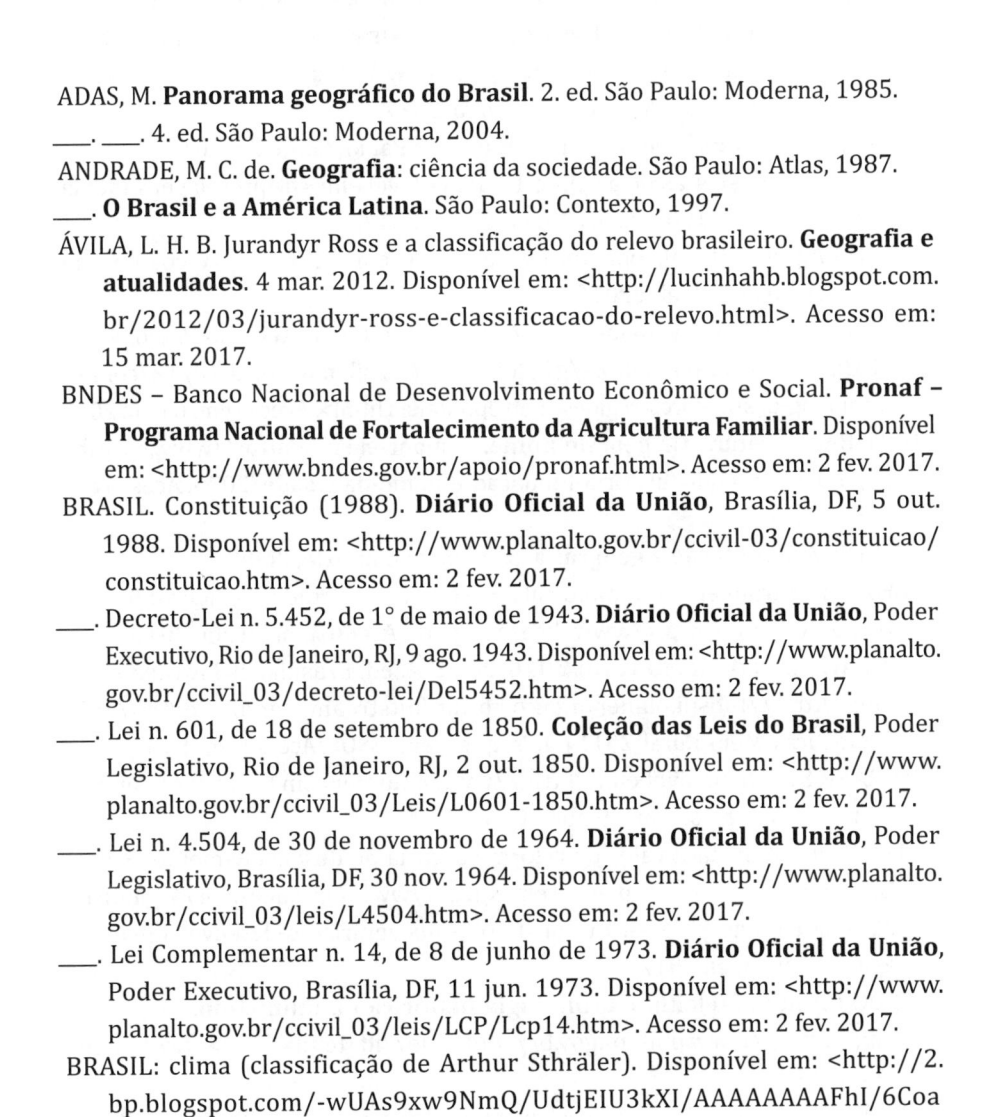

ADAS, M. **Panorama geográfico do Brasil**. 2. ed. São Paulo: Moderna, 1985.

___. ___. 4. ed. São Paulo: Moderna, 2004.

ANDRADE, M. C. de. **Geografia**: ciência da sociedade. São Paulo: Atlas, 1987.

___. **O Brasil e a América Latina**. São Paulo: Contexto, 1997.

ÁVILA, L. H. B. Jurandyr Ross e a classificação do relevo brasileiro. **Geografia e atualidades**. 4 mar. 2012. Disponível em: <http://lucinhahb.blogspot.com.br/2012/03/jurandyr-ross-e-classificacao-do-relevo.html>. Acesso em: 15 mar. 2017.

BNDES – Banco Nacional de Desenvolvimento Econômico e Social. **Pronaf – Programa Nacional de Fortalecimento da Agricultura Familiar**. Disponível em: <http://www.bndes.gov.br/apoio/pronaf.html>. Acesso em: 2 fev. 2017.

BRASIL. Constituição (1988). **Diário Oficial da União**, Brasília, DF, 5 out. 1988. Disponível em: <http://www.planalto.gov.br/ccivil-03/constituicao/constituicao.htm>. Acesso em: 2 fev. 2017.

___. Decreto-Lei n. 5.452, de 1º de maio de 1943. **Diário Oficial da União**, Poder Executivo, Rio de Janeiro, RJ, 9 ago. 1943. Disponível em: <http://www.planalto.gov.br/ccivil_03/decreto-lei/Del5452.htm>. Acesso em: 2 fev. 2017.

___. Lei n. 601, de 18 de setembro de 1850. **Coleção das Leis do Brasil**, Poder Legislativo, Rio de Janeiro, RJ, 2 out. 1850. Disponível em: <http://www.planalto.gov.br/ccivil_03/Leis/L0601-1850.htm>. Acesso em: 2 fev. 2017.

___. Lei n. 4.504, de 30 de novembro de 1964. **Diário Oficial da União**, Poder Legislativo, Brasília, DF, 30 nov. 1964. Disponível em: <http://www.planalto.gov.br/ccivil_03/leis/L4504.htm>. Acesso em: 2 fev. 2017.

___. Lei Complementar n. 14, de 8 de junho de 1973. **Diário Oficial da União**, Poder Executivo, Brasília, DF, 11 jun. 1973. Disponível em: <http://www.planalto.gov.br/ccivil_03/leis/LCP/Lcp14.htm>. Acesso em: 2 fev. 2017.

BRASIL: clima (classificação de Arthur Sthräler). Disponível em: <http://2.bp.blogspot.com/-wUAs9xw9NmQ/UdtjEIU3kXI/AAAAAAAAFhI/6CoaEhIY-cQ/s1600/Mapa+clima+classifica%C3%A7%C3%A3o+de+Arthur+Sthaler.jpg>. Acesso em: 15 mar. 2017.

BRASIL GEOGRAFADO. Estruturas geológicas do Brasil. **Estrutura geológica brasileira**. 2 maio 2014. Disponível em: <http://brasilgeografado.weebly.com/1/post/2014/02/estrutura-geologica-brasileira.html>. Acesso em: 15 mar. 2017.

BRITANNICA ESCOLA. **Bacias hidrográficas do Brasil**. Disponível em: <http://escola.britannica.com.br/assembly/183499/A-area-coberta-por-um-rio-e-por-seus-afluentes>. Acesso em: 15 mar. 2017.

CLAVAL, P. **Terra dos homens**: a geografia. São Paulo: Contexto, 2010.

CLIMA no Brasil. Massas de ar, slide 10. Disponível em: <http://player.slideplayer.com.br/2/341907/>. Acesso em: 3 fev. 2017.

COAMO – Agroindustrial Cooperativa. Disponível em: <http://www.coamo.com.br>. Acesso em: 29 abr. 2016.

CONFIRA o ranking das maiores regiões metropolitanas. **G1**, São Paulo, 4 dez. 2010. Disponível em: <http://g1.globo.com/brasil/noticia/2010/12/confira-o-ranking-das-maiores-regioes-metropolitanas.html>. Acesso em: 6 mar. 2017.

CURITIBA. Prefeitura. **Origem do nome**. Disponível em: <http://www.curitiba.pr.gov.br/conteudo/historia-fundacao-e-nome-da-cidade/207>. Acesso em: 1º fev. 2017.

DAMIANI, A. **População e geografia**. São Paulo: Contexto, 2009.

DIEESE – Departamento Intersindical de Estatística e Estudos Socioeconômicos. Disponível em: <http://www.dieese.org.br>. Acesso em: 29 abr. 2016.

___. **Estatísticas do meio rural 2010-2011**. 4. ed. Brasília, 2011. Disponível em: <http://bibspi.planejamento.gov.br/bitstream/handle/iditem/707/Estatisticas_Meio_Rural_2011.pdf?sequence=3%SD>. Acesso em: 16 fev. 2017.

EMBRAER S.A. Disponível em: <http://www.embraer.com.br/pt-BR/Paginas/home.aspx>. Acesso em: 29 abr. 2016.

ESTUDO Unesp destaca valor da reforma agrária no desenvolvimento. **Portal Unesp**, 27 ago. 2014. Disponível em: <http://www.ippri.unesp.br/#!/noticia/216/estudo-unesp-destaca-valor-da-reforma-agraria-no-desenvolvimento/>. Acesso em: 6 mar. 2017.

FOZ DO IGUAÇU. Prefeitura. **Cronologia histórica do município**. Disponível em: <http://www.pmfi.pr.gov.br/conteudo/?idMenu=1009>. Acesso em: 1º fev. 2017.

GERDAU S.A. Disponível em: <https://www.gerdau.com/br/pt>. Acesso em: 29 abr. 2016.

GIOVANNETTI, G.; LACERDA, M. **Dicionário de geografia**: termos, expressões, conceitos. São Paulo: Melhoramentos, 1996.

GUERRA, A. T. **Dicionário geológico geomorfológico**. Rio de Janeiro: IBGE, 1989.

HIDROGRAFIA: águas superficiais (continentais e oceânicas) e subterrâneas. **Geografia**: ensinar e aprender, 7 jul. 2013. Disponível em: <http://geografia-ensinareaprender.blogspot.com.br/2013/07/hidrografia-aguas-superficiais.html>. Acesso em: 15 mar. 2017

HORÁRIO de verão muda mapa de fusos horários no Brasil; veja. **G1**, São Paulo, 19 out. 2015. Disponível em: <http://g1.globo.com/economia/noticia/2015/10/horario-de-verao-muda-mapa-de-fusos-horarios-no-brasil-veja.html>. Acesso em: 15 mar. 2017.

IBGE – Instituto Brasileiro de Geografia e Estatística. Disponível em: <http://www.ibge.gov.br/home/>. Acesso em: 2 fev. 2017a.

___. **Atlas geográfico escolar**. 4. ed. Rio de Janeiro, 2007.

___. **Estimativas populacionais para os municípios brasileiros em 01.07.2014**. Disponível em: <http://www.ibge.gov.br/home/estatistica/populacao/estimativa2014/estimativa_dou.shtm>. Acesso em: 2 fev. 2017b.

INCRA – Instituto Nacional de Colonização e Reforma Agrária. Disponível em: <http://www.incra.gov.br>. Acesso em: 2 fev. 2017.

LACOSTE, Y. **A Geografia**: isso serve, em primeiro lugar, para fazer a guerra. Campinas: Papirus, 1984.

LIMITE/FRONTEIRA. 19 abr. 2011. Disponível em: <http://geographia.blogspot.com.br/2011/04/limitefronteira.html>. Acesso em: 15 mar. 2017.

MACHADO, J. P. **Dicionário onomástico etimológico da língua portuguesa**. 3. ed. Lisboa: Livros Horizonte, 2003.

MARTIM, A. R. **Fronteiras e nações**. São Paulo: Contexto, 1996.

NIMER, E. **Climatologia do Brasil**. Rio de Janeiro: IBGE, 1989.

PROJEÇÕES cartográficas. Disponível em: <http://www.uff.br/geoden/index_arquivos/geodef_projecoes.htm>. Acesso em: 15 mar. 2017.

PROJETO JIMBOÊ. Brasil: pontos extremos e fronteiras. **Geografia**: banco de mapas – unidade 2. Disponível em: <http://www.editoradobrasil.com.br/jimboe/galeria/imagens/index.aspx?d=geografia&a=5&u=2&t=mapa>. Acesso em: 15 mar. 2017.

RIBEIRO, D. **O povo brasileiro**. São Paulo: Companhia da Letras, 1995.

ROSS, J. L. S. (Org.). **Geografia do Brasil**. São Paulo: Edusp, 1996.

SANTOS, M. **Manual de geografia urbana**. São Paulo: Hucitec, 1989.

SANTOS, M.; ELIAS, D. **Metamorfoses do espaço habitado**: fundamentos teóricos e metodológicos da geografia. São Paulo: Hucitec, 1988.

SODRÉ, N. W. **A farsa do neoliberalismo**. 3. ed. Rio de Janeiro: Graphia, 1996.

U. S. CENSUS BUREAU. **Population Pyramid Graph**: Custom Region – Brazil 1970. Disponível em: <https://www.census.gov/population/international/data/idb/region.php?N=%20Results%20&T=12&A=separate&RT=0&Y=1970&R=-1&C=BR>. Acesso em: 14 mar. 2017a.

___. **Population Pyramid Graph**: Custom Region – Brazil 2017. Disponível em: <https://www.census.gov/population/international/data/idb/region.php?N=%20Results%20&T=12&A=separate&RT=0&Y=2017&R=143&C=BR>. Acesso em: 14 mar. 2017b.

Respostas

Parte I

Capítulo 1
1. d
2. c
3. a
4. e
5. b
6. c
7. d
8. b
9. d
10. a

Capítulo 2
1. d
2. e
3. c
4. b
5. e
6. a
7. d
8. b
9. a
10. e

Capítulo 3
1. d
2. d
3. a
4. c
5. e
6. b
7. a
8. b
9. c
10. a

Parte II

Capítulo 4
1. c
2. a
3. c
4. d
5. b
6. a
7. c
8. b
9. e
10. d

Capítulo 5
1. b
2. d
3. c
4. e
5. a
6. c
7. d
8. e
9. c
10. a

Capítulo 6
1. d
2. b
3. a
4. c
5. b
6. e
7. c
8. d
9. a
10. a

Capítulo 7
1. d
2. b
3. c
4. e
5. a
6. c
7. a
8. b
9. d
10. e

Capítulo 8
1. b
2. d
3. c
4. a
5. e
6. e
7. a
8. e
9. b
10. d

Sobre o autor

Marcus Rudolfo Kreuzer, nascido em Blumenau (Santa Catarina), é licenciado e bacharel em Geografia pela Universidade Federal do Paraná – UFPR (1989). Cursou pós-graduação em Geografia Física e Análise Ambiental (1993) e em Sociologia Política (2009), também na UFPR. Desde 1998, leciona a disciplina de Geografia em diferentes instituições particulares de ensino médio e em cursos preparatórios para vestibulares.

Os papéis utilizados neste livro, certificados por instituições ambientais competentes, são recicláveis, provenientes de fontes renováveis e, portanto, um meio responsável e natural de informação e conhecimento.

FSC
www.fsc.org
MISTO
Papel produzido
a partir de
fontes responsáveis
FSC® C074432

Impressão: Maxigráfica
Abril / 2017